Das Buch

»Tag für Tag mahnt uns der Garten mit Düften, Farben und Gestalten daran, daß wir für Autos, Pestizide und Raketen bezahlen müssen, in bar oder mit Leib und Leben, während das Wachsen im Garten uns geschenkt wird.« Diesem sich täglich wandelnden, überraschungsreichen Geschenk hat Jürgen Dahl sein neues Gartenbuch gewidmet, das zum Nachdenken und Staunen verführt, das am Beispiel der Wunder eines einzigen Gartens an den gärtnerischen Umgang mit der Natur gemahnt. Es ist aber auch ein Buch für den Praktiker: Man kann Jürgen Dahl ganz einfach Monat für Monat folgen, seine Entdeckungen nachvollziehen und seine allesamt selbsterprobten Ratschläge im eigenen Garten anwenden. Ein Gartenbuch also für Naturfreunde und ein Naturbuch für Gartenbesitzer, Gartenbenutzer und Gartenträumer.

Der Autor

Jürgen Dahl, geboren am 18. Oktober 1929, Buchhändler und Journalist, wurde 1966 mit dem Deutschen Journalistenpreis ausgezeichnet. Seit 1974 ist er Mitherausgeber der Zeitschrift ›Scheidewege‹. Neben zahlreichen Beiträgen in Zeitschriften und im Rundfunk veröffentlichte er eine Reihe von Büchern, u. a.: ›Einreden gegen die Mengenlehre, Einreden gegen die Mobilität, Einreden gegen Plastic‹ (1974), ›Auf Gedeih und Verderb‹ (1977), ›Aufschlüsse‹ (1977), ›Der Tag des Astronomen ist die Nacht‹ (1979), ›Der unbegreifliche Garten und seine Verwüstung‹ (1984), ›Wildpflanzen im Garten‹ (1985), ›Die Verwegenheit der Ahnungslosen‹ (1989).

Jürgen Dahl:

Neue Nachrichten aus dem Garten

Praktisches, Nachdenkliches und Widersetzliches aus einem Garten für alle Gärten

Mit 30 Schwarzweißabbildungen

Klett-Cotta
im
Deutschen
Taschenbuch
Verlag

Von Jürgen Dahl
sind im Deutschen Taschenbuch Verlag erschienen:
Die Erde weint (Hrsg.; 10751)
Der unbegreifliche Garten und seine Verwüstung (11029)
Nachrichten aus dem Garten (11164)

Im Text ungekürzte Ausgabe
Dezember 1990
Deutscher Taschenbuch Verlag GmbH & Co. KG,
München

ISBN 3-608-93098-1
Umschlaggestaltung: Celestino Piatti
Umschlagabbildung: Reinhild Hofmann, München
Umschlagfoto Rückseite: Dorothee Dahl, Münster
Gesamtherstellung: C. H. Beck'sche Buchdruckerei,
Nördlingen
Printed in Germany · ISBN 3-423-11323-5

Vorbemerkung

Mit diesem neuen Band der Nachrichten aus dem Garten verhält es sich wie mit dem vorigen: keine Arbeitskalender sind da zu finden, sondern sehr vermischte Berichte aus allen Gartenecken; keine Verordnungen für den »Naturgarten«, sondern Anstiftung zu durchaus undogmatischem Gärtnern; kein Garten-Lehrbuch, sondern ein Buch von Gartenträumen, die nicht Träume bleiben müssen.

Der größte Teil des Textes ist als monatliche Kolumne in der Zeitschrift ›natur‹ erschienen, ein kleiner Teil im ›Zeitmagazin‹. Manche Leser haben daran mitgewirkt, durch Anregungen und Korrekturen, am nachhaltigsten freilich durch ihre immer wieder ermunternde Zustimmung. Ihnen habe ich zu danken, ferner Günter Diamant und Berthold Leendertz für gärtnerischen Rat, Heidi Russbült, Waltraud Gross und Hartmut Schickert für mancherlei Hilfen, und schließlich meiner Frau fürs Mitdenken und Mittun.

Januar

Es gibt wirklich Menschen, die von sich behaupten, sie brauchten keinen Garten – aber wahrscheinlich sind gerade sie es, die ihn am ehesten nötig hätten: um zu staunen, um zu lernen, um müßigzugehen, um zu jubeln, um sich eigenen Salat zu erschaffen – und um zu erfahren, daß sie ihn gar nicht erschaffen, sondern damit beschenkt werden.

Manchmal reicht ein einziger Garten gar nicht aus für alle Zwecke und Absichten und Möglichkeiten, man gerät sich in die Quere – und sei es nur, daß die Katzen das frisch bestellte Saatbeet für ein neues sanitäres Angebot halten und noch in der ersten Nacht davon Gebrauch machen. Es läge nahe, daß man ihnen einen eigenen Katzengarten einrichtet, mit Baldrian, Katzenminze und Feldsalat als Lockpflanzen, aber das scheitert an der bekannten Unlenksamkeit der Katzen: Nie würden sie sich auf das ihnen zugedachte Territorium beschränken.

Sonst aber sind Sondergärten, mehr oder weniger eingefriedete Bezirke, Gärten im Garten, ein treffliches Mittel, um aus einem allgemeinen Vielzweck-Garten Räume auszugrenzen, in denen der Gärtner unbehelligt seinen besonderen Liebhabereien nachgehen kann. Von den Gartenschauen kennen wir die »Themengärten«. Das klingt nach Schulmeisterei – in Wahrheit sind die Sondergärten aufregend und abenteuerlich, denn hier entsteht eine besondere Art von Intimität und täglich neu bekräftigter Bekanntschaft mit den Pflanzen; weit öfter und dringlicher vernimmt der Gärtner hier die Fragen, die sie ihm stellen, und die Antworten, die sie ihm geben.

Zum Beispiel der Galle-Garten: Da kann, wer mit diesem Organ seine Schwierigkeiten hat, die Kräuter für bittere Tees selbst heranziehen: Beifuß und Löwenzahn, Minze und Schafgarbe, Mariendistel und Wermut, Wegwarte, Schöllkraut und Tausendgüldenkraut. Nicht auszuschließen, daß schon der vertraute Umgang mit diesen Pflanzen eine heilsame Wirkung auf den Galligen hat.

Oder der Erdbeer-Garten: Was hindert uns, statt eines Erdbeerbeetes mit einer einzigen Sorte ein Gärtchen anzulegen, darin viele verschiedene Sorten der köstlichen Frucht gedeihen, –

Stechapfel

großfrüchtige und kleinfrüchtige; frühe und späte und solche, die monatelang tragen; derbblättrig-kompakte und zarte; locker wachsende, die man an Stäben und Drähten nach oben zieht.

Oder der Hexen-Garten, wo sich alles zusammenfindet, was man für die Bereitung von Flugsalben braucht: Schierling und Kalmus, Kriechendes Fingerkraut und Mohn, Eisenhut, Tollkirsche und Nachtschatten, Schwarzes Bilsenkraut und Taumel-Loch, vielleicht auch (im Kübel frostfrei zu überwintern) der Stechapfel. Man *muß* keine Hexensalbe daraus machen, aber schon der Gedanke, daß man es könnte, ist erhebend.

Die Sondergärten, mögen sie noch so klein sein, sind keine verspielte Künstelei, sondern schärfen die Augen (und die Nase und den Verstand), weil sie aus der großen Fülle etwas herausheben und zugleich auf die Fülle zurückverweisen.

Übrigens ist das keine Platzfrage; dann da man ohnehin nicht alle Gärten anlegen kann, deren Pläne man sich erträumt, so ist es auch nahezu gleichgültig, wieviele davon in der Realität existieren und wieviele nur in der Wirklichkeit des Traumes.

Hier ist eines Meisters der Gärten im Garten zu gedenken, der mehr als drei Dutzend davon erfunden, beschrieben und aufgezeichnet hat. Sein Buch ›Steckenpferde im Garten‹ erschien vor vielen Jahren, leider ist es inzwischen vergriffen. Nicht mehr als vierzig Quadratmeter fordert Hans Schiller für jeden seiner Gärten und führt ganz genau vor, wie man auf einem so begrenzten Raum planen und ordnen kann. Im Sukkulentengärtchen gibt es wüstenhafte Sandflächen und Kiesbeete mit Steininseln; das Goldene Gärtchen prunkt mit allen verfügbaren Nuancen des Gelbs; ein Duftgärtchen fehlt natürlich nicht, und das Barocke Formengärtchen ist, trotz seiner Kleinheit, durchaus überzeugend; das Geologische Gärtchen bietet dem Sammler von Gesteinen und Fossilien, dem drinnen längst der Platz für seine Schätze ausgegangen ist, einen brauchbaren Vorschlag für eine Sammlung unter freiem Himmel.

Faltergärtchen, Vögelgärtchen, Schachgärtchen – es möge niemand die Nase rümpfen, wenn er immerzu »Gärtchen« liest: Was bleibt uns denn anderes, als uns mit dem Kleinen und dem Verkleinerten abzufinden. Daß etwas klein ist, muß ja nicht heißen, daß es auch kleinkariert wäre.

Ich habe keines dieser Gärtchen, die Hans Schiller in seinem Buch beschreibt, wirklich angelegt – aber ich bin in jedem davon stundenlang herumspaziert. Träume sind für den Gärtner fast den Taten gleich, denn er bräuchte ja nur, morgen am Tag, den Spaten, die Gartenschnur und die Pflanzkelle in die Hand zu nehmen und anzufangen, und vielleicht wären schon am selben Abend die Konturen des Traumes in der Realität des Gartens erstanden, zum Beispiel der Anfang eines Gartens der Lüste, mit den geheimen Aphrodisiaka aller Zeiten und Völker.

Schnee und Frost setzen nicht nur den Pflanzen zu, sondern auch den Pflanzenschildchen. Kunststoff versprödet und bricht, angeblich wasserfeste Tusche verschwindet spurlos, und im Frühjahr müssen wir manches zu rekonstruieren versuchen, was dem Gedächtnis entfallen ist. Wo hatten wir im Oktober den Wassernabel gepflanzt, wo die winzigen Samenkörner des Spörgels ausgebracht? Und wie hieß doch das Zwiebelgewächs, dessen erste Triebe gerade zum Vorschein kommen?

Die Schildchen sind ein uraltes Problem. Verständige Gärtner haben sich darauf geeinigt, daß es keine Patentlösung gibt, die alle Wünsche nach Billigkeit, einfacher Herstellung und grenzenloser Haltbarkeit befriedigt. Unverständige Tüftler präsentieren uns gleichwohl in regelmäßigen Abständen das, was sie dann für eine Patentlösung ausgeben und was genauso teuer, kompliziert oder unbeständig ist wie alles Bisherige.

Die schönen Porzellanschildchen der Botanischen Gärten sind, wenn sie sich überhaupt beschaffen lassen (es soll noch jemanden geben, der sie herstellt), unerschwinglich, und man müßte sie ja auch erst anfertigen lassen. Aber eben diese Schildchen brachten mich auf den Gedanken, es mit etwas ganz Ähnlichem zu versuchen: mit den unglasierten »Mosaikkacheln«, die man in jedem Bastelgeschäft kaufen kann. Sie kosten um die 20 Pfennige, sind frostfest und lassen sich mit fast allem beschreiben – mit Bleistift, mit Porzellanfarbe, mit Fettstift oder mit einem schwarzen Lackmalstift. Die poröse Oberfläche der Kacheln nimmt jede Farbe an – und gibt sie nie wieder her, ob es regnet, schneit oder friert, oder ob Algen und Moose das Täfelchen überwachsen. Selbst mit hartem Schleifpapier gelingt es einem nicht, die Schrift wirklich auszulöschen, und wer imstande ist, mit einem spitzen Pinsel und Porzellanfarbe ordentliche Buchstaben zu schreiben, der kann die Schrift sogar im Backofen einbrennen und sich damit dem altmodischen Vorbild sehr weit nähern. Zudem sind die Täfelchen viermal verwendbar, oben, unten, vorne und hinten. Ich hüte mich zu behaupten, dies sei eine Patentlösung. Aber ich konstatiere in aller Bescheidenheit, daß ich noch nie so schöne, billige, haltbare und leicht zu beschriftende Pflanzenschildchen gesehen habe wie diese. Wenn das Verfahren sich unter Hobbygärtnern verbreiten sollte, findet sich vielleicht auch eines Tages eine Kachelfabrik, die uns statt der quadratischen Täfelchen längliche, oben abgerundete liefert, dic in der Erde besseren Halt haben. Das wäre dann aber wirklich die Patentlösung.

Zu den wenigen Pflanzen, von denen wir, wenn es nicht gerade Stein und Bein friert, auch im Winter ernten können, gehört die Topinambur *(Helianthus tuberosus)*. Ich muß gestehen, daß ich diese von »biologischen« Gärtnern hoch gelobte Pflanze immer verkannt und erst im letzten Frühjahr schätzen gelernt habe. Das hängt damit zusammen, daß mir aus der Nachkriegszeit die angefrorenen und folglich süßlichen Kartoffeln noch immer in schrecklicher Erinnerung sind. Als man mir die erste (gekochte) Topinamburknolle zu kosten gab, war die Hungerzeit gleich wieder gegenwärtig, und der süßlichfade Geschmack hielt mich davon ab, jemals Topinambur zu kultivieren. Im Frühjahr aber schickte mir eine Leserin zwei Knollen, fragte, was das wohl für eine Pflanze sei, die daraus erwüchse, mit gelben Blüten im Herbst, – und nun erst probierte ich einmal, die Knollen roh zu raspeln und wie Möhrensalat mit Öl und Zitronensaft anzumachen: eine Delikatesse! Erst beim Kochen nämlich wandelt sich das Inulin der Topinamburknolle teilweise in Zucker um; als roher Salat hingegen schmeckt die Topinambur nicht süßlich, sondern eher nach frischen Nüssen.

Wie der lateinische Name sagt, gehört die Topinambur zur Gattung der Sonnenblumen. In Europa kennt man sie (wie auch die einjährige Sonnenblume) seit fast vierhundert Jahren, und mancherorts gibt es sie sogar verwildert. Zwar reifen die Samen der Topinambur bei uns nicht aus, aber mit ihren Rhizomen kann sie auch vegetativ für ihre Erhaltung und Verbreitung sorgen. An den Enden der Ausläufer sitzen die länglichen oder rundlichen, kartoffelähnlichen Knollen, die sich, wie die Blüten, erst im Herbst entwickeln, weil die Topinambur eine Kurztagspflanze ist.

Da ich meine ersten Topinamburknollen zu hoch gepflanzt hatte (sie sollen fast spatentief liegen), gab es im Oktober ein phantastisches Schauspiel: Unter den drei Meter hohen blühenden

Einjährige Sonnenblume

Stauden begann sich plötzlich die Erde zu heben, als sei ein Maulwurf am Werk gewesen. Von Tag zu Tag wurden die Hügel höher, und wenn man sie ankratzte, zeigten sich die immer mehr anschwellenden Knollen und die kräftigen Ausläufer mit dicken Knospen. Viel Platz braucht man, wenn man die Topinambur im Garten halten will, sie greift weit aus und soll es ja auch, wenn wir den Raspelsalat im Winter nicht nur ausnahmsweise, sondern regelmäßig auf den Tisch bringen wollen. Mir fällt bei solchen Gelegenheiten immer der »Vorgarten« ein: Hier könnte sich die Topinambur gehen lassen, mit einer Unterpflanzung aus Kriech-Günsel, der den Schatten verträgt und schnell wieder die Löcher schließt, die wir beim Ernten machen müssen.

Von eigenartiger Schönheit ist übrigens ein verstecktes Detail der Topinambur, das ich noch nie an einer anderen Pflanze gesehen habe: Oberhalb des Blattstiel-Ansatzes bildet sich, sobald in der Achsel ein Nebentrieb zu wachsen beginnt, am Stengel eine dunkelrote (also chlorophyllfreie) wulstige Erhebung, die im Gegensatz zum rauhen Stengel ganz glatt und unbehaart ist und an eine blutunterlaufene Schwellung denken läßt; im Längsschnitt erweist der Wulst sich als stark verholzt, hat also vielleicht den Zweck, ein Abbrechen des Seitentriebes zu verhindern. Wenn wir ganz genau und immer noch einmal hinsehen, dann finden wir an jeder Pflanze irgend etwas Besonderes, irgendeine Einzelheit, die wir zuvor noch nicht gesehen haben. Nie kommen wir damit an ein Ende, auch nicht im kleinsten Garten.

Februar

»Werden die Tage länger, wird der Winter strenger«. Aber natürlich gibt es nicht überall und nicht immer krachenden Frost, auch nicht im Februar. Wenn es nicht friert, können wir umpflanzen, was umgepflanzt werden soll. Viele Gärtner warten damit bis in den Frühling – und haben dann, alle Jahre wieder, viel zu viel auf einmal zu tun.

Die allermeisten Pflanzen liegen jetzt noch in tiefer Ruhe; sie merken es überhaupt nicht, wenn wir sie ausgraben, teilen und an einem anderen Platz wieder ins winterfeuchte Erdreich betten. Sie bekommen also nicht, wie später im Jahr, einen Schock, und wir brauchen weder zu gießen noch zu schattieren. Hinderlich ist höchstens, daß wir nicht immer genau wissen, wo eigentlich was steht – da zeigt sich, wieder einmal, der Nutzen von Namensschildern. Und ein anderer Nachteil darf auch nicht verschwiegen werden: Immer unterschätzen wir, wenn wir nur den Wurzelballen in der Hand haben, den Raumbedarf der entwikkelten Pflanze, das heißt, wir neigen stets dazu, viel zu dicht zu pflanzen. Vielleicht gelingt es uns diesmal, den Fehler zu vermeiden ...

Zum Umpflanzen gibt es unterschiedliche Anlässe: Manche Pflanzen, die ringsum nach außen weitergewachsen sind, müssen verjüngt werden; andere bedürfen der Umsiedlung an einen Gartenplatz, der ihren Lichtwünschen besser entspricht, bei wieder anderen hat sich im Sommer gezeigt, daß ihre Blütenfarben oder Gestalten nicht zueinander paßten. Vielleicht wollen wir auch einmal einen Sondergarten anlegen, Zusammengehöriges anschaulich vereinen. Ich denke etwa an eine kleine Rohboden-Parzelle für Ackerwildkräuter. Die ein- oder zweijährigen Arten brauchen zum Keimen und Gedeihen einen immer wieder frisch umbrochenen Boden, auf dem sie sich aussäen können und vor der Konkurrenz ausdauernder Pflanzen geschützt bleiben.

Wer solche Wildkräuter irgendwo zwischen anderen Pflanzen gewähren läßt, wenn und wo sie sich gerade angefunden haben, der riskiert ihren Untergang: Jahrelang trieb sich in meinem Garten das hübsche Acker-Gauchheil *(Anagallis arvensis)* herum – und eines Tages blieb es verschwunden. Auf dem Rohboden-

Beet kann man dafür sorgen, daß die Selbstaussaat ungestört vonstatten geht. Nichts weiter ist dafür nötig als eine gut besonnte Fläche normalen Gartenbodens, die nur niemals ganz zuwachsen darf. Jede allzu üppige Entwicklung einzelner Arten sollte man früh genug vorsichtig zügeln, damit nicht plötzlich aus dem Rohboden-Beet eine Monokultur wird.

Die Begriffe »Rohboden« und »Beet« erscheinen fast als nicht vereinbare Gegensätze, und daran, wie auch an der Notwendigkeit fürsorgender Eingriffe, wird schon deutlich, daß solche Bemühungen bewußte Akte einer eher »künstlichen« Hege sind

Acker-Gauchheil

und daß man sich nicht der Illusion hingeben darf, ein Rohboden-Beet sei ein gerader Schritt in Richtung auf die Erhaltung der Natur. Die Wahrheit ist, daß Ackerwildkräuter sich als Mitglieder unserer Flora nur dann erhalten lassen, wenn sie eben auf Äckern mit ausgesät werden. Wenn das durch Saatgutreinigung und Herbizide unterbunden wird, dann bleibt die Hege im Garten (oder im Freilichtmuseum) ein karger Notbehelf.

Ich sage nicht, daß dies überflüssig oder völlig fruchtlos wäre. Immerhin bleiben die Arten »als solche« erhalten und sterben nicht völlig aus. Hie und da mögen auch Tiere überleben können, die von diesen Pflanzen abhängig sind – und es wird die Erinnerung an das Verlorene wachgehalten.

In manchen Bundesländern hat man sich inzwischen entschlossen, den Bauern eine Entschädigung zu zahlen, wenn sie die Randstreifen ihrer Wiesen und Felder unbearbeitet lassen oder mit Wildpflanzen einsäen. In der Flut unvernünftiger Subventionen mögen solche Zahlungen zu den vernünftigeren gehören. Aber das bleibt doch eine Art von künstlicher Beatmung – und bleibt vor allem abhängig davon, daß das Geld überhaupt vor-

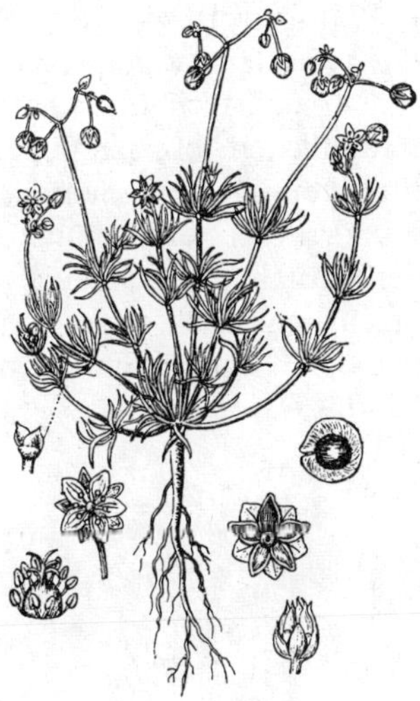

Spörgel

handen ist: eine Schönwetter-Therapie, die nur ein Symptom verschleiert und die gnadenlos abgebrochen wird, sobald Wolken heraufziehen und den Luxus einer staatlich honorierten Wildkräuter-Kultur schlicht unmöglich machen. Aber solange man nicht beschließt, die Saatgutreinigung zu unterlassen und die Herbizide abzuschaffen, müssen wir noch dankbar sein für den kargen »Nutzen«, den die subventionierten Randstreifen und die Rohboden-Beete im Garten stiften.

Was die letzteren angeht, so können wir dort an Arten versammeln, was immer sich auftreiben läßt – draußen oder bei den einschlägigen Samenhändlern. Ich nenne für diesmal nur zwei, in ihrer Gestalt sehr gegensätzliche Arten:

Der Acker-Spark oder Spörgel *(Spergula arvensis)* ist ein zartes, reich verästeltes Gewächs mit fädlich dünnen Blättern. Früher wurde es zu Futterzwecken angebaut, heute kommt es nur noch als Unkraut auf Getreide- und Hackfruchtäckern vor, zeigt dort sauren und nassen Boden an, gedeiht im Garten aber auch unter weniger extremen Bedingungen. Die locker aufgebaute, unentwegt weiterwachsende Pflanze ist übersät mit sehr kleinen weißen Blüten, eine duftige, heitere Gestalt aus der Familie der Nelkengewächse. Derb dagegen, mit kantigem Stengel und lappigen Blättern, die kräftigen Büsche des Acker-Hellerkrauts *(Thlaspi arvense),* das vor allem wegen seiner Samenstände bemerkenswert ist: An dem mehrfach verzweigten Stengel sitzen in langen Trauben die rundlichen, breit geflügelten Schötchen. In jedem davon liegen rund ein Dutzend Samen, die man früher im Mörser zerstampfte und so als Senf benutzte. Wie die meisten anderen Kreuzblütler enthält nämlich auch das Acker-Hellerkraut Senföl, dazu allerdings auch andere, nicht so appetitlich duftende Substanzen, so daß nur die Samen, nicht die Blätter als Würze verwendbar sind.

Knoblauchshederich

Bei den Kreuzblütlern *(Cruciferae)* sind die Blüten im allgemeinen einander so ähnlich, daß ihre Merkmale für die Bestimmung der Arten kaum brauchbar sind. Hingegen gibt es sehr große und charakteristische Unterschiede bei den Früchten. Wenn die Frucht mindestens dreimal so lang wie breit ist, spricht man von *Schoten,* ist sie gedrungener, von *Schötchen.* Es müßte reizvoll sein – und wäre nicht schwierig –, einmal eine Sammlung von möglichst vielen Kreuzblütler-Früchten zusammenzustellen, um ein Bild von der großen Vielfalt der Fruchtformen dieser Pflanzenfamilie zu bekommen.

In dieser Sammlung (die ich nach der Verwandtschaft der Formen als eine durchgehende Linie vom kleinsten Schötchen bis zur längsten Schote ordnen würde) wären dann auch die Schoten des Knoblauchshederichs *(Alliaria petiolata)* vertreten, einer Ruderalpflanze, die Stickstoff und Feuchtigkeit liebt, auf dem Rohboden-Beet allerdings leicht zu groß und mächtig wird. Sie sollte deshalb einen eigenen Platz bekommen, vor allem dann, wenn wir mehrere Pflanzen brauchen, um reichlich davon ernten zu können.

Der Knoblauchshederich ist nämlich die ideale Pflanze für alle, die gern Knoblauch mögen, aus Gründen sozialer Rücksichtnahme aber darauf verzichten: Die Blätter des Knoblauchshederichs schmecken nach Knoblauch, aber wer sie ißt, riecht nicht danach! Ernten kann man vom frühen Frühjahr bis tief in den Herbst, denn die Pflanze wächst aus den ersten zarten Anfängen unablässig über sich hinaus, in den Achseln der Verzweigungen entstehen immer wieder neue junge Blätter, selbst dann noch, wenn man schon die ersten reifen Schoten abnimmt, um die darin enthaltenen Samen gleich wieder auszusäen.

Der alte wissenschaftliche Name *Alliaria officinalis* zeigt an, daß der Knoblauchshederich (wegen seines Gehalts an Senföl) früher zu Heilzwecken verwendet wurde: gegen Würmer, bei eiternden Wunden zur Desinfizierung, auch bei Husten – stets aber nur die frischen Blätter.

Die Antwort auf die Frage, wie denn die Alten die Heilwirkung einer Pflanze ermittelt haben, scheint leicht zu sein: Sie haben es eben ausprobiert. Aber so leicht es sein mag, ein Mittel gegen Würmer oder gegen Husten durch Ausprobieren zu finden, so schwierig ist das, wenn die Wirkung erst über längere Zeiträume hinweg nachweisbar wird. Gewiß, manche dieser alten Mittel haben sich inzwischen als unwirksam erwiesen, aber weit zahlreicher sind doch die Fälle, in denen die modernen Pharmazeuten fanden, daß die Überlieferung recht hatte. Erst kürzlich stellte man in Amerika fest, daß einige Inhaltsstoffe des Maiapfels *(Podophyllum peltatum)* gegen bestimmte Krebsformen wirksam sind. Und siehe da: Die Indianer in Nordamerika (woher diese Pflanze stammt) haben sie immer schon gegen krebsige Geschwülste verwendet. Wie mögen sie darauf gekommen sein? Seither sehe ich meine kleine Maiapfel-Kolonie im Schatten der Hundsrose mit anderen Augen, nicht mehr nur als besonders hübsche Gartenpflanze, und empfehle sie um so lieber (natürlich *nicht* für Experimente mit der giftigen Wurzel!). Aus dem kräftigen, unermüdlich weiterwandernden Rhizom erhebt sich ein kräftiger Stengel, gabelt sich, es entfalten sich zwei tief gelappte Blätter wie Schirme, und in der Gabelung steht auf einem kurzen Stiel eine anemonenähnliche, nickende weiße Blüte – eines der anmutigsten Blumengeschenke, die man jemandem im Mai machen kann, wenn man jetzt vorsorgt und noch schnell den Maiapfel bestellt.

Die billigsten Gartenbücher kommen uns am teuersten zu stehen: die Kataloge der Versandgärtnereien. Gratis läßt man uns schwelgen und träumen, aber die verlockend moderaten Einzelpreise summieren sich unversehens zu gewaltigen Beträgen, wenn wir alles ankreuzen, was wir unbedingt brauchen und dazu noch das, was wir eigentlich immer schon haben wollten, und das, worauf der Katalog uns soeben erst neugierig gemacht hat. Die Gestalten und Ereignisse des Gartenjahres sind verdichtet zu Bilderfolgen und Preislisten, und allzu gern vergessen wir im Einkaufsrausch, daß es leicht ist, vor die Tibetorchidee in der Bestelliste eine fünf zu schreiben, aber sehr schwierig, die fünf Tibetorchideen übers Jahr und über den nächsten Winter zu bringen.

Die Gartenkataloge zerfallen in zwei Gruppen. Zur ersten Gruppe gehören die dicken bunten Hefte jener Großunternehmen, die außer Samen, Pflanzen und Bäumen auch Vogeltränken, Sonnenuhren und Rasenmäher feilhalten. Hier ist alles exklusiv, unübertroffen, berauschend und exzellent, die Blüten auf den Bildern sehen aus wie frisch lackiert, und das Verkaufsargument »Ihr Nachbar wird Sie beneiden« steht nicht nur *zwischen* den Zeilen.

Die Kataloge der zweiten Gruppe sind Broschüren oder Büchlein, mit denen uns die (manchmal spezialisierten) Staudengärtnereien über ihr Sortiment informieren. Hier sind die Beschreibungen weniger schwärmerisch, die Bilder vorsichtiger retuschiert und die sachlichen Angaben oft so ausführlich und zuverlässig, daß sie zum Nachschlagen besser taugen als manches Gartenbuch.

Freilich sind auch die Kataloge der ersten Gruppe nicht ganz zu verachten. Zwar feiert man dort ziemlich hemmungslos die Verwechslung des Gartens mit einer Bonbonniere und gibt das Grellste an Farben und das Aberwitzigste an Züchtungen und »Prachtmischungen« als Spitze der neuesten Gartenkunst aus; aber natürlich finden wir auch hier immer wieder einmal eine Anregung, – sei es, daß wir einer vergessenen Pflanze aus Großmutters Gärtchen begegnen (etwa dem betäubend duftenden Heliotrop, der sich im Sortiment des Herkömmlichen erhalten hat), sei es, daß wir auf irgendeine der kuriosen Novitäten stoßen, mit denen gerade diese Firmen gern brillieren. Die neueste Stengelzwiebel-Züchtung läßt uns nicht unberührt, der Apfelbaum, der zwei Sorten trägt, erheitert uns, und die neue glattschalige, kleinfrüchtige, frühreifende Kiwi erinnert uns daran, daß wir es mit diesem schönen Frucht- und Kletterstrauch immer schon versuchen wollten. Alles andere freilich langweilt uns, es ist das Übliche und das Verkäuflichste, also wenden wir uns den »richtigen« Katalogen zu.

Das ist dann wie ein Gang durch den Botanischen Garten, quer durch alle Pflanzenprovinzen der Erde – denn in beinahe jeder davon gibt es Pflanzenarten, die auch in unseren Gärten gedeihen und blühen, von *Acaena,* dem Stachelnüßchen aus Neuseeland, bis zur *Zwackia*, einem Borretschgewächs von den Serpentinfelsen Albaniens. Die Mönche der mittelalterlichen Klostergärten, denen wir so viele wichtige Importe heilkräftiger und schmückender Pflanzen verdanken, würden uns beneiden um die Möglichkeit, solche Schätze nach einem Katalog auszusuchen und einzukaufen: Gartenlust per Postpaket.

Natürlich gibt es nicht nur Ausländisches, sondern, zum Beispiel, viele jener einheimischen Pflanzen, die einem aufs Vordergründige und Dekorative verengten Naturverständnis zum Inbegriff wahrer Pflanzenschönheit geworden sind. Türkenbund und Küchenschelle, Diptam und Enzian, Schachbrettblume und Adonisröschen – immer noch graben skrupellose Wanderer, allen Gesetzen und Mahnungen zum Trotz, solche Pflanzen aus, tragen sie als Beute in den Garten und könnten sie doch ebensogut aus gärtnerischer Kultur erwerben. Dazu: Viele andere, gleichfalls gefährdete Arten, die als Gartenpflanzen unberühmt geblieben sind (Eibisch, Andorn, Gnadenkraut); vergessene Gewürzpflanzen (wie die Süßdolde); einst beliebte, heute kaum mehr anzutreffende klassische Pflanzen der alten Gärten (wie die pastellfarben blühenden Gartenaurikeln).

Finden wir in den Gärten wenigstens einen Bruchteil dieses Reichtums? Viel zu selten ist das der Fall. Statt dessen: eine Auswahl aus dem eher kargen Angebot der Gartencenter, arrangiert zu einem pflegeleichten Bühnenbild, bestenfalls, oft genug auch zu einem trostlosen Chaos. Die Fülle des Unbekannten harrt immer noch der Entdeckung durch neugierige Gärtner.

Wer noch keine Kataloge hat, sollte sie jetzt schleunigst bestellen. Nichts hilft dem Gärtner besser über die Winterwochen.

März

Mein Mißtrauen gegenüber den immer neuen Einfällen der Gartenzubehörindustrie ist groß. Vieles, was da angeboten wird, ist unnötig, und manches reiner Plunder. So habe ich denn auch immer geglaubt, zum Sammeln von Regenwasser sei die billige alte Blechklappe, die ins Fallrohr hineinragt und das Wasser in eine darunterstehende Tonne umleitet, völlig ausreichend; die komplizierten Regenwasserfänger mit Schlauchanschluß fand ich ganz überflüssig und fürchtete auch, sie seien, wie das meiste Plastikzeug, den rauhen Anforderungen des Gartens gar nicht gewachsen.

Weit gefehlt! Der Regenwasserfänger hält durch ein einfaches und leicht zu reinigendes Überlaufsystem den gröbsten Unrat, der aus der Dachrinne kommt, zurück. Und der Schlauch bietet uns die Möglichkeit, das Wasser nach Belieben bis in die fernsten Gartenteile zu leiten, auf Wunsch ganz unsichtbar, denn der Schlauch ist frostfest und kann vergraben werden. Die Wassertonne muß also nicht mehr direkt am Haus stehen, sondern darf auch anderswo ihren Platz finden.

Unbedingt sollten wir die dicke Ausführung des Schlauches wählen ($1^1/_2$ Zoll Durchmesser), weil es Jahre braucht, bis sich darin einmal ein Schlammpfropfen festsetzt. Außer Regenwassertonnen kann man damit auch Tümpel und Gräben speisen, denen es immer gut tut, wenn ihr Wasser in Bewegung kommt und erneuert wird. Freilich ist das Regenwasser auch nicht mehr das, was es einmal war, und da unsere einheimischen Sumpf- und Wasserpflanzen fast alle neutrales oder basisches Wasser mehr schätzen als saures, ist es sinnvoll, die saure Reaktion des Regenwassers zu mildern.

Der Schlauch des Regenwasserfängers kommt uns da gerade recht. Mit seiner Hilfe können wir das Wasser leicht in einen flachen, ganz mit groben Kalksteinen und feinem Kalkgrus angefüllten Graben oder auch durch ein ebenfalls mit Kalkstein gefülltes Abwasserrohr leiten, bevor es in den Tümpel fließt.

Auch eine kleine Anlage aus Kalkstein-Stufen ließe sich denken, eine Art Treppe, über die das Wasser rinnt. Die Stufen könnten leicht nach hinten geneigt sein, so daß nach jedem Re-

Wald-Sanikel

gen etwas Wasser darauf stehenbleibt, auch Mulm sich ansammelt. Auf solchen immer wieder überrieselten Flächen beobachtet man dann oft die Ansiedlung von Spezialisten (von Moosen zum Beispiel), oder man kann versuchen, sie dort seßhaft zu machen.

Ich würde in einem Winkel einer solchen Wassertreppe etwa die Samen des Wald-Sanikel *(Sanicula europaea)* ausbringen. Das ist eine alte Heilpflanze, die schon vor vierhundert Jahren in den Gärten gezogen wurde, weil sie gegen allerlei Beschwerden des Magens und der Därme helfen sollte, auch gegen Bronchialkatarrh und, als Umschlag, bei Wunden und Quetschungen, – was alles wohl sein mag, da der Sanikel Bitterstoffe, Gerbstoffe und Saponine enthält. Wild ist er nur noch selten zu finden, doch kann man die Samen kaufen. Man muß ihm keine Wassertreppe bauen, aber Kalk und Feuchtigkeit sind unerläßlich für sein Gedeihen.

Trotz der vielen Bücher, die es gibt, gibt es immer noch Bücher, die es nicht gibt. Meine alte Hoffnung auf eine vollständige, aber erschwingliche deutsche Flora mit Abbildungen *aller* Pflanzenarten ist bis heute nicht in Erfüllung gegangen. Eine andere schmerzliche Lücke im großen Bücherangebot ist ein Nachschlagewerk, das zu den einzelnen Pflanzenarten diejenigen Tiere aufführt, die an, auf oder in der betreffenden Pflanze leben. Das sind nicht nur die Schmetterlingsraupen mit ihren Futterpflanzen; vielmehr geht es da um eine Unzahl von Käfern, Hautflüglern, Wanzen, Blattläusen und anderen Insekten, von denen sehr viele auf bestimmte Pflanzen spezialisiert sind.

Die Bestimmung von Insekten, vor allem auch im Stadium der Larven (auch die Raupen sind »Larven«!), ist meist sehr schwierig, und wenn man, zum Beispiel, Dutzende kleiner weißer Larven in aufgetriebenen Samenschoten von Raps und Kohl findet, wird man nur »umgekehrt«, das heißt vom Kohl ausgehend, feststellen können, wer sich da labt. Gäbe es ein Buch, das uns zu jeder Pflanze die darauf lebenden Insektenarten nennt, dann fänden wir eben beim Kohl die Kohlschoten-Gallmücke und die Lebensweise ihrer Larven verzeichnet und wüßten ohne langes Suchen schnell Bescheid.

Ein solches Buch hat es um die Jahrhundertwende einmal gegeben. Der Verfasser hieß, glaube ich, Gustav Jäger, und der Titel lautete ganz unscheinbar ›Die Thierwelt Deutschlands‹. Ich durfte das Buch einmal für kurze Zeit ausleihen und habe in jenen wenigen Sommerwochen über die kleinen und kleinsten Tiere meines Gartens mehr gelernt als sonst in Jahren mühseliger Bestimmungsversuche. Selbst ein unveränderter Nachdruck dieses Werkes wäre mehr wert als hundert oberflächliche Bilderbücher: Was immer sich an »festen« Beziehungen zwischen Tieren und Pflanzen konstatieren ließ – Gustav Jäger hatte es verzeichnet und genauestens beschrieben.

Es ist müßig, dem Gewesenen nachzujammern. Lieber will ich deshalb die Leser, die ratlos vor Raupen, Fraßbildern, Käfern und Eigelegen stehen, darauf aufmerksam machen, daß das Fehlen jenes älteren Buches wenigstens teilweise durch das Vorhandensein eines neueren wettgemacht wird. Es heißt ›Taschenlexikon zur Biologie der Insekten‹ und enthält in der allerknappsten, aber stets präzisen Form eine schier unglaubliche Menge von Informationen über die Lebensweise unserer Insekten. Fände sich jemand, der zu diesem (natürlich nach Insektennamen geordneten) Buch ein Pflanzenregister anfertigt, dann wäre das ein großartiges Nachschlagewerk. Ohne ein solches Register bleibt einem nichts anderes übrig, als immer wieder und wieder in dem

Buch zu lesen und sich dann zu freuen, wenn man, beispielsweise, auf den Hinweis stößt, daß die Raupen einer bestimmten Sonnenmotte in gallenartigen Anschwellungen der Blüten von Knöterich-Arten leben und sich dort auch verpuppen: Jetzt wissen wir, was es mit den hie und da zu beobachtenden mißgebildeten Knöterich-Blüten auf sich hat.

Ich kann allen Gärtnern, die sich auch für die Insekten an ihren Pflanzen interessieren, nur dringend raten, sich eingehend mit diesem Buch zu beschäftigen; sie werden nicht nur Antwort finden auf viele Fragen, sondern dazu einen Einblick in die staunenswerten Lebensleistungen der Insekten – und dann werden sie im Garten plötzlich Dinge sehen, die immer schon da waren, die man aber erst sieht, wenn man sie weiß.

Jedes junge Grün wird jetzt ungeduldig »herausgekuckt«. Bei den laubabwerfenden Gehölzen ist es die Tataren-Heckenkirsche *(Lonicera tatarica),* die schon ganz früh austreibt, während die anderen noch dabei sind, die Zellen ihrer wintertrockenen Knospen mit Wasser zu füllen.

Der lateinische Name zeigt an, daß die Tataren-Heckenkirsche zur gleichen Familie gehört wie die windenden Geißblatt-Arten; sie ist aber ein aufrecht wachsender Strauch, dessen am Boden entspringende Hauptäste bis zu vier Meter hoch werden; sie wachsen sehr schnell und bilden nach wenigen Jahren eine dicke weiche Borke, die von unseren Katzen besonders gern zum Schärfen der Krallen benutzt wird. Die im Mai erscheinenden rötlichen Blüten sind vor allem durch ihre große Anzahl auffallend und schmückend, ebenso im Spätsommer die korallenroten, ungenießbaren Früchte.

Die Tataren- Heckenkirsche stammt aus Rußland und gilt, obwohl sie seit zweihundert Jahren in europäischen Gärten steht und hie und da sogar ausgewildert ist, als »Zierstrauch«. Dabei hat sie alle Tugenden einer vortrefflichen Heckenpflanze: Ihrer Herkunft entsprechend ist sie von ganz außerordentlicher Robustheit, natürlich absolut frosthart, auch gegen Wind und Wetter völlig unempfindlich; die Blüten haben reichen Insektenbesuch, die Beeren werden von Vögeln gern gefressen. Man kann (und sollte sogar) den Strauch bedenkenlos beschneiden und, wo er in der Hecke steht, rigoros »auf den Stock setzen«, also tief herunterschneiden, damit er wieder neu durchtreibt. Die Tata-

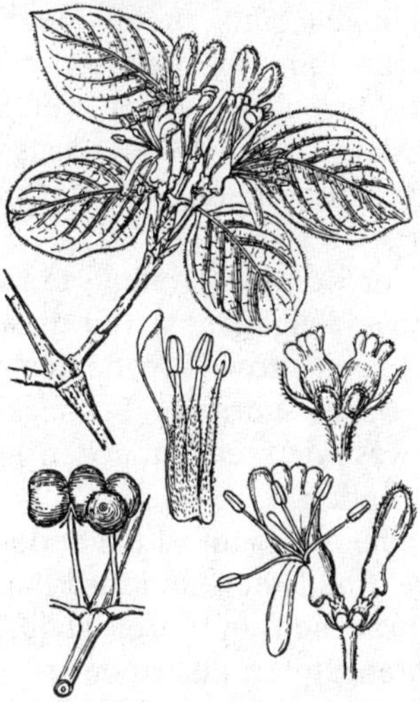

Wald-Geißblatt

ren-Heckenkirsche ist mit jedem Boden zufrieden und ist im unteren Bereich so licht, daß dort nicht nur die Frühjahrsblüher, sondern auch sommerblühende Halbschatten-Pflanzen gedeihen.

Es gibt noch viele andere strauchig wachsende *Lonicera*-Arten von unterschiedlicher Wuchshöhe. Fast alle haben die gleichen guten Eigenschaften wie die Tataren-Heckenkirsche, fast alle stammen ursprünglich aus verschiedenen Gegenden Asiens und fast alle wurden schon vor hundert und mehr Jahren nach Europa geholt. Der Katalog der berühmten englischen Baumschule Hillier's enthält einunddreißig verschiedene Arten, in guten deutschen Baumschulen findet man immerhin an die sieben. Wer jetzt eine gemischte Hecke pflanzen will, sollte *Lonicera* nicht vergessen.

»Ich habe jetzt auch einen Biotop«, sprach er und wollte damit sagen: Ich habe ein Loch gegraben, habe es mit Folie ausgekleidet und mit Wasser gefüllt.

Nun ist zwar wirklich jedes Gewässer ein Biotop, aber längst nicht jeder Biotop ist ein Gewässer. Wer im Garten einen Tümpel anlegt, schafft also nicht »den Biotop« schlechthin, sondern fügt nur den längst vorhandenen Biotopen einen weiteren hinzu.

Ein Biotop ist nämlich ein – mehr oder weniger in sich geschlossener – Lebensraum für mehr oder weniger zahlreiche Pflanzen und Tiere. Je nachdem, wie weit man den Kreis der Lebewesen nimmt, läßt sich der Garten als ein einziger großer Biotop oder als eine Ansammlung von miteinander verknüpften Biotopen ansehen.

Zum Beispiel ist der Komposthaufen samt seiner engeren Umgebung ein Biotop ganz eigener Art. In dieser mulmigfeuchten, nährstoffreichen Garten-Provinz gedeihen ganze Heere von Kleinstlebewesen, dazu Würmer, Schnecken, Asseln, Pilze, Moose. Manches, was wir hier entdecken können, ist nirgends sonst im Garten zu finden.

Die Sträucher-Reihe am Zaun ist ein anderer Biotop, Lebensraum für Vögel, Igel und Käfer, und für Pflanzen, die den Windschutz der Hecke brauchen und ihren Halbschatten lieben. Die immer etwas feuchten Stufen der Kellertreppe sind ein Biotop: Da wachsen Flechten auf den rauhen Steinen, Moose in den Ritzen, und von einer Fuge aus spinnt das Zymbelkraut ein Netz aus fädigen Stengeln mit rundlichen Blättern und zahllosen hellvioletten Rachenblütchen.

In der Stammgabelung des alten Kirschbaumes ist eine Höhlung entstanden; Wasser sammelt sich darin, Rindenmulm, Flugsand, – und eines Tages keimt dort ein Holundersame; zwei Jahre später ist ein Strauch daraus geworden. Die feuchte Mulde, in der er wächst, ist ein Biotop für sich, und bei genauerer Nachschau würden wir sehen, daß darin noch weit mehr lebt als nur der Holunder.

Und so weiter. Biotope überall, Lebensräume mit unsichtbaren oder kaum bemerkten Grenzen, über die manche der Bewohner niemals hinauskommen. Der Holzstoß ist ein Biotop, die Wiese, – aber auch der vergessene umgestülpte Eimer hinter der Garage und die verstopfte Dachrinne, in der das Wasser lange stehenbleibt. Daraus folgt: Noch der künstlichste, halbtotgepflegte Garten verfügt über Biotope und ist ein Biotop. Ich sage das nicht, um für den künstlichen Garten zu werben, sondern nur, um die Verächter desselben daran zu erinnern, daß es gar keinen ganz und gar leblosen Garten geben kann. Wir sollten die Besitzer solcher Gärten nicht schmähen, sondern ihnen geduldig zeigen, wie man das Mosaik der Garten-Biotope erkennen, erhalten und nach allen Seiten erweitern kann.

Dazu braucht man keinen jener Gartenarchitekten, die sich, voll im Trend, anheischig machen, »auch Biotope« anzulegen (womit sie nur wieder Tümpel meinen). Die besten Biotope entstehen vielmehr dadurch, daß wir beide Augen zudrücken; wenn wir sie wieder aufmachen, hat sich ein Biotop gebildet, ist erobert, besetzt und verändert worden und wird sich weiter verändern, wenn wir uns davor hüten, das Leben *(bios)* von diesem Ort *(topos)* wieder wegzuharken. Bevor sich endgültig das falsche Geschlecht für den Biotop einbürgert (der Duden erlaubt es bereits, aber das spricht eher gegen den Duden als für *das* Biotop), möchte ich noch ein bißchen dafür streiten, daß es beim richtigen bleibt: Es sollte *der* Biotop heißen, weil das griechische Wort *topos* männlich ist und auch als männliches Fremdwort (»der Topos«) vorkommt. Mir scheint die sprachliche Feinheit nicht ganz gleichgültig; denn *das* Biotop klingt immer nach etwas Eingerichtetem (wie *das* Badezimmer), nach einer Sache also, die man fertig kaufen kann.

Der Biotop ist aber keine Sache, sondern ein Ort, und die besten Biotope sind die, die man nicht gekauft und installiert, sondern nur in Ruhe gelassen hat. Ein Beispiel dafür ist die vergessene Jacke, in der sich Wespen ein Nest gebaut haben. Wenn wir doch öfter die Dinge ließen, wie sie gerade sind, und abwarteten, was sich damit begibt: Ein altes Brett, im feuchten Schatten eines Strauches lose auf die Erde gelegt und nie wieder weggeräumt, wird zum Lebenszentrum und Refugium für mancherlei Tiere. Ein Streifen Erde hinterm Zaun, unberührt gelassen, gibt Einwanderern Raum, die wir nie zuvor im Garten gesehen haben. Biotope entstehen, indem wir die Terrassenstufen nicht ständig abbürsten, die Dachrinnen nur im Notfall reinigen, ein paar alte Äste liegenlassen, wo sie gerade liegen.

Unsere Mauern und Türen haben keine Ritzen mehr, alles ist zugespachtelt und lackiert, die Fugen der Wegplatten sind mit Zement zugeschmiert, und nirgendwo liegen Steinbrocken herum oder ein Stapel alter Dachpfannen, zwischen denen sich Laub und Staub verfangen dürfen. In allen Ecken und an allen Enden des Gartens müßten wir wieder Hohlräume schaffen und zulassen, Spalten, Fugen, Lücken, Nischen, Schlupfwinkel, Verstekke, Mulden.

Nichts gegen Tümpel im Garten. Aber niemand sollte denken, er habe mit der Anfertigung eines Tümpels die Garten-Ökologie ein für allemal in Ordnung gebracht. Der Tümpel ist nicht die Krönung des Bemühens um einen naturfreundlichen Garten, sondern erst der Anfang. Wir brauchen das Wasser, aber wir brauchen auch: Hochhäuser für Spinnen, Slums für Laufkäfer, Holzgebirge für Mooswälder, Katakomben für Kröten, Eigentumswohnungen für Schlupfwespen und Karawansereien für durchreisende Samen.

April

Endlich muß ich es doch gestehen, auch wenn ich mir damit den Zorn aller Naturgärtner zuziehe: Im letzten November habe ich in meinem Garten Zitronen geerntet, von einem übermannshohen Strauch, der auf Lateinisch *Poncirus trifoliata* heißt und in Büchern und Baumschulen unter den deutschen Namen Japanische Bitterorange oder Dreiblatt-Zitrone geführt wird.

Der Fremdling stammt aus Nordchina – aber wirklich fremd scheint er sich hier nicht zu fühlen. Seine (auch im Winter) grünen Zweige mit den langen, hartspitzigen Dornen wachsen Jahr für Jahr weiter und haben sich zu einem sparrigen Strauchwerk verflochten, das im Winter sehr bizarr aussieht, im Sommer aber fast ganz unter der Fülle der kleinen dreiteiligen Blätter verschwindet. Die Blätter duften zitronenartig mit harzigem Oberton – eine Vorahnung des Duftes der gelben Früchte, die man zumindest bei einigermaßen geschütztem Stand (Windschutz gegen Norden und Osten) nach einigen Jahren erwarten darf.

Die Bitterorange trägt mehrmals im Jahr markstückgroße weiße Blüten, so daß man im Spätherbst ausgereifte Bitterorangen, aber auch kleine, noch grüne Früchte verschiedenen Alters finden kann; diese unreifen Früchte sind tief gefurcht und haben eine pelzige Oberfläche; oft machen sie sich im Blattwerk fast unsichtbar.

Die reifen Früchte gelten als ungenießbar. Tatsächlich ist das Fruchtfleisch unter der sehr dicken Schale außerordentlich sauer, darüber hinaus harzig und etwas bitter wie auch die gelbe Außenhaut der Schale. Doch kann man die Schale abreiben und in der Küche verwenden, wenn die Rezepte »abgeriebene Zitronenschale« vorschreiben. Wo wäre heutzutage eine garantiert ungespritzte, bedenkenlos eßbare Zitronenschale anders aufzutreiben als im eigenen Garten? Ich habe auch versucht, die Schale mit Alkohol zu extrahieren und aus dem goldgelben Auszug einen Orangenlikör zu bereiten. Aber ich muß zugeben, daß die harzige Bitterkeit nicht jedermanns Sache ist. Vielleicht sollte man einen Magenbitter daraus zu komponieren versuchen.

Regen Zuspruchs erfreuten sich hingegen meine sauren Drops, die ich aus den Früchten verschiedener Scheinquitten-Arten

(Chaenomeles sp.) hergestellt habe. Man braucht dazu die im Zimmer nachgereiften Früchte nur zu schälen, vom Kerngehäuse zu befreien, in nicht zu kleine Würfel zu schneiden und diese zu dörren. Wer die angenehm sauren, erfrischenden »Kaugummis« einmal probiert hat, wird es unbegreiflich finden, daß die meisten Gärtner ihre Scheinquitten-Früchte am Strauch vergammeln lassen oder sie bestenfalls, wie die der heimischen Quitte *(Cydonia oblonga),* zu Quittengelee und Quittenbrot verarbeiten.

Bitterorange und Scheinquitte kann man jetzt pflanzen. Die Bitterorange ist freilich nicht überall in den Baumschulen zu bekommen, weil vor allem junge Exemplare in harten Wintern und

Quitte

bei ungünstigem Stand gerne einmal zurückfrieren. Sie treiben aber fast immer von unten her wieder aus und sind später ziemlich zuverlässig winterhart. Der Boden sollte lehmhaltig, aber durchlässig sein.

Von der Scheinquitte gibt es viele Arten und Sorten, die auf den Zierwert der weißen, roten und rosa Blüten hin ausgewählt oder gezüchtet sind, – für mich hat jede ihren eigenen Reiz, weshalb ich hier keine besonders herausheben möchte. Allen gemeinsam sind die guten Eigenschaften des dichten Wuchses und der überreichen Blüte, derentwegen sich die Scheinquitten für niedrigbleibende Hecken vorzüglich eignen. Sie bieten den Vögeln Schutz, und sie bieten den Insekten über eine lange Zeit im frühesten Frühjahr, wenn sonst noch wenig zu holen ist, reichliche Nahrung. *Wissen* das eigentlich diejenigen, die uns so schulmeisterlich zum Verzicht auf sogenannte »Ziergehölze« und zur Beschränkung auf Einheimisches nötigen wollen? Manchmal fürchte ich, sie schreiben nur voneinander ab.

Im naturnahen Garten – so wird uns unentwegt eingehämmert – sollen »Wildsträucher« wachsen und keine »Exoten«.

Einheimische Wildsträucher sind: robust, anspruchslos, vielfältig nutzbar und lebensnotwendig für zahllose Tiere; sie bieten im Lauf der Jahreszeiten ein ständig wechselndes Bild, und außerdem sind sie billig.

Ausländische Ziersträucher sind hingegen: sündhaft teuer, dabei anspruchsvoll in bezug auf Boden und Klima; sie sind anfällig für Krankheiten und Schädlinge und ohne Nutzen für einheimische Tiere.

Stimmt das alles denn überhaupt? Es stimmt immer nur zur Hälfte, und das macht die Sache so unübersichtlich.

Gewiß: Manche »Exoten« kosten viel Geld. Aber erstens gibt es auch billige, und zweitens kann man, zum Beispiel, für eine bescheidene einheimische Buchsbaumhecke leicht einen Tausender loswerden.

Gewiß: Ein Rhododendron braucht viel Torf (durch dessen Abbau unsere Moore zerstört werden) und muß gewissermaßen künstlich ernährt werden. Aber viele andere Ziersträucher sind mit jedem Gartenboden zufrieden und genügsamer als der heimische Gagelstrauch, der genau so viel Torf braucht wie der Rhododendron.

Gewiß: Eine Scheinzypresse ist langweilig immergrün, aber noch langweiliger wäre es, wenn alle Gärtner ihr legitimes Bedürfnis nach immergrünem Sichtschutz ausschließlich mit Hilfe von einheimischem Taxus, Liguster, Ilex und Buchsbaum befriedigten.

Im übrigen sind auch die sogenannten Einheimischen durchaus nicht alle echte Ureinwohner. Viele sind, mit oder ohne Hilfe des Menschen, irgendwann als Fremde zu uns gekommen und dann seßhaft geworden (wie die Mispel). Andererseits sind manche

Sträucher, die heute als Fremdlinge gelten, früher hierzulande heimisch gewesen; sie haben nur, seit sie von der Eiszeit vertrieben wurden, die Rückkehr noch nicht geschafft (wie die Forsythie).

Daß die »Ziersträucher« anfällig für Schädlinge und unbrauchbar für einheimische Tiere seien, ist ein Widerspruch in sich, denn auch die »Schädlinge« sind ja einheimische Tiere. Und wer seine Ziersträucher einmal daraufhin untersucht, wer alles an ihren Blüten saugt, an ihren Blättern und Früchten frißt und sich im Geäst verbirgt, der wird sehen, daß sie keineswegs leblose Staffage sind.

Nicht wenige »Exoten« blühen zu einer Zeit, in der bei den Einheimischen kein Tröpfchen Nektar zu finden ist. An warmen Januar-Tagen sieht man viele Besucher an den Blüten der Schleimbeere oder der Zaubernuß, im Februar Wildbienen und andere Insekten an den honigduftenden Blüten der frühblühenden Mahonien-Arten, und vollends unersetzlich ist der Tausendblütenstrauch *(Evodia)* mit seiner späten, den Bienen deshalb um so willkommeneren Blüte. Seine ölhaltigen Früchte sind den Tieren nicht weniger erwünscht als die Früchte der Wildsträucher, und das gleiche gilt für die Früchte der Mahonien, der Maulbeeren und der Blasenspiere – um nur einige zu nennen.

Andererseits: Eine ganze Reihe von Wildsträuchern ist für die heute üblichen kleinen Gärten ganz ungeeignet. Schlehe und Sanddorn treiben lange Ausläufer, der vielgepriesene Weißdorn riecht ziemlich unangenehm, wenn er blüht, und der sonst liebenswerte Schwarze Holunder hat immer so viele Blattläuse, daß man wochenlang nicht darunter sitzen mag. Da schmilzt die Auswahl von kaum fünfzig einheimischen Sträuchern gar schnell zusammen, und wenn wir uns vorstellen, daß in den Gärten immer nur die gleichen drei Dutzend Sträucher zu sehen wären, dann müßten wir dies eine Verarmung nennen gegenüber dem Reichtum, der uns tatsächlich zur Verfügung steht. Also sollten wir doch den lächerlichen Glaubenskrieg um Wildsträucher und »Exoten« beenden und stattdessen lieber genau zu ermitteln suchen, welche einheimischen *und* welche fremdländischen Sträucher für die besonderen Bedingungen unserer Gärten und für die Bedürfnisse all ihrer Bewohner (wozu neben den Tieren doch auch die Menschen gehören) am besten geeignet sind. Sollen wir auf fremde Düfte, schöne Farben, eindrucksvolle Blatt- und

Nachtkerze

Wuchsformen nur verzichten, weil sie aus dem Ausland kommen? Nichts wäre törichter.

Für die Freunde der Einheimischen gibt es ein treffliches, temperamentvolles Hand- und Hilfsbuch: Reinhard Witt, Wildsträucher in Natur und Garten. Was noch fehlt, ist ein Gegenstück dazu, und der Titel könnte trotzig lauten: Exoten für den naturnahen Garten. Daß ein Strauch aus China stammt, heißt ja nicht, daß er ein Kunstprodukt wäre. Und: Im Garten ist für vieles Platz, nur nicht für Dogmatiker.

Wenn man versucht, möglichst nur das zu empfehlen, was man selber ausprobiert hat, muß man gelegentlich Unangenehmes ertragen. Zwar braucht man sich, um die unausrottbare Legende von den Kapuzinerkressesamen als Kapernersatz zu widerlegen, nicht die Zähne an den harten Samen auszubrechen; man merkt schon vorher, daß da etwas nicht stimmen kann (in Wirklichkeit sind es nämlich die Knospen, die man als Kapern in Essig einlegen kann). Aber es ist schon eine Zumutung, die gekochten Wurzeln der Nachtkerze *(Oenothera biennis)* zu essen, die in allen Büchern über Wildgemüse warm empfohlen werden. Man soll sie wie Schwarzwurzeln zubereiten, oder man soll die gargekochten Wurzeln kleinschneiden und als Salat anrichten.

Ich habe seit Jahren immer viele gut entwickelte Nachtkerzenbüsche im Garten, die sich durch Selbstaussaat erhalten. Aber die Wurzeln der Sämlinge im ersten Jahr (im zweiten sind sie ohnehin verholzt und unbrauchbar) sind nicht nur viel zu dünn, als daß aus meinem Gartenbestand auch nur eine Zweipersonen-Mahlzeit zu gewinnen wäre, – sie sind vor allem mit drahtharten Fasern durchsetzt, können also nach dem Garen bestenfalls ausgelutscht werden, und sie enthalten einen Stoff, der im Halse kratzt wie Scheuersand, während das oft gerühmte süßliche Aroma voll ins Kochwasser übergeht und nicht mehr wahrnehmbar ist. Allen Verfassern von Wildpflanzenkochbüchern kann ich nur raten, die Nachtkerzenwurzel vom Speiseplan zu streichen, damit die gute Sache nicht in Verruf gerät. Hingegen sind Nachtkerzenblüten, wie ich guten Gewissens versichern kann, eine hübsche und wegen der darin enthaltenen Schleimstoffe vielleicht auch nützliche Beigabe zu jedem Salat.

Daß im Graben zwischen den Sumpf- und Wasserpflanzen auch ganz normale Gräser hervorspitzen, ist ein Zeichen für die beginnende Verlandung. Schlick- und Pflanzenreste haben sich übereinandergeschichtet, die Grabensohle hat sich immer mehr erhöht, und jetzt drängen vom »Ufer« her die Landpflanzen herein. Zwei oder drei Jahre – und der Graben würde zum Festland. Das ist eine »Sukzession« im pflanzensoziologischen Sinne, ein ganz natürlicher Vorgang, der aber aufgehalten werden muß, wenn der Graben-Biotop erhalten bleiben soll.

Also müssen die Wasserpflanzen, die sich zu stark ausgebreitet haben, rigoros entfernt werden, der Schlamm muß mit Eimern ausgebaggert und, zum Teil, durch scharfen Sand ersetzt werden. Teich und Graben sind und bleiben Kunsterzeugnisse, die der ständigen Pflege bedürfen.

Ganz ungestüm hat sich das Gemeine Sumpfried *(Eleocharis palustris)* entwickelt; es ist ein Verlandungs-Spezialist und bildet seine Ausläufer ebenso unablässig bei einem Wasserstand von einigen Dezimetern wie auch in fester Erde, wenn sie nur einigermaßen feucht ist. Da ich es nicht ganz missen möchte, werde ich ihm einen eigenen Kübel zuweisen und dann ausprobieren, was sich in dem festverwobenen Wurzelwerk sonst noch halten kann.

Auch der Igelkolben hat kräftige Ausläufer nach allen Seiten geschickt und es ist ihm sogar gelungen, den Fieberklee in Schach zu halten, der sonst gleichfalls zur Eroberung größerer Territorien neigt. Die noch sehr zarten Sämlinge des Wasserfenchels haben gegen solche Konkurrenz kaum Chancen, und da der Wasserfenchel nicht ausdauernd, sondern zweijährig ist, muß ich den Sämlingen Freiraum verschaffen, wenn ich die schöne Pflanze nicht verlieren will. So selbsttätig das Wachsen im Wasser vor sich geht, so aufmerksam muß man im Frühjahr dafür sorgen, daß die Startbedingungen stimmen. Ich werde diesmal wohl sogar das Wasser auspumpen, die Erde herausnehmen, Sand einfüllen und alle Pflanzen, bevor ich sie wieder einsetze, lange unter fließendem Wasser abspülen. Irgendwann habe ich nämlich, trotz aller Vorsicht, Wasserlinsen eingeschleppt, und zwar nicht nur die gewöhnliche Kleine Wasserlinse *(Lemna minor)*, sondern auch die merkwürdige Dreifurchige Wasserlinse *(L. trisulca)*. Die eine bildet einen dichten, lückenlosen Teppich auf der Wasseroberfläche, der den Pflanzen das Licht und uns den Blick auf das Tierleben unter Wasser nimmt, – die andere wächst durch fortwährende Sprossung zu mächtigen untergetauchten Büscheln heran und würde binnen weniger Wochen den ganzen Graben ausfüllen, wenn man sie nicht ständig herausfischt. Da-

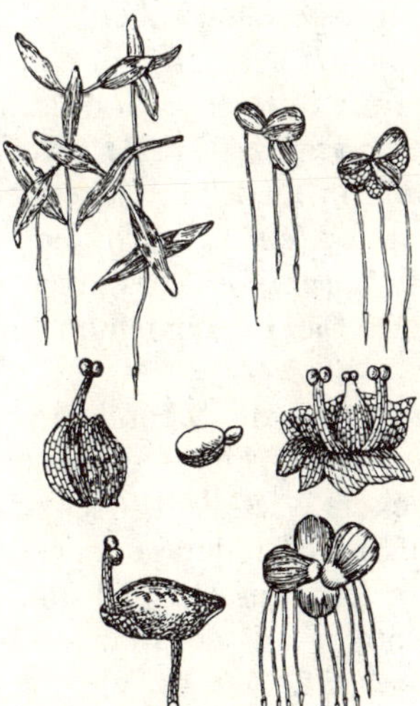

Wasserlinsen

bei ist die Dreifurchige Wasserlinse mit ihren lanzettlichen Sprossen sehr hübsch, und überhaupt sind die Wasserlinsen etwas ganz Besonderes: Sie sind die kleinsten Blütenpflanzen, die es überhaupt gibt, und sie sind gewissermaßen das Minimum einer Pflanze überhaupt; denn die »Linsen« sind keine richtigen Blätter, sondern nur blattförmig verbreiterte Stengel; jede »Linse« ist eine Pflanze für sich. Die selten vorkommende Teichlinse *(Spirodela polyrhiza)* hat ein Wurzelbüschel, die *Lemna*-Arten haben nur eine Wurzel, und die Zwerglinse *(Wolffia arrhiza)* überhaupt keine. Die Zwerglinse blüht bei uns nie, die anderen Arten sehr selten und nur in besonders sonniger Lage, – und auch die Blüten sind das Geringste, was sich als Blüte denken läßt: Sie sind eingeschlechtig, die männlichen Blüten haben ein einziges Staubblatt, die weiblichen einen Fruchtknoten – weiter nichts. Meist bleibt es aber überhaupt bei der Vermehrung durch Tochtersprossen.

Man muß ja, auch im Garten, möglichst versuchen, aus der Not eine Tugend und aus dem Ärger ein Vergnügen zu machen. Wer sich von Wasserlinsen belästigt fühlt, mag sich demnach, ehe er sie auszurotten versucht, darüber freuen, daß er die kleinsten Blütenpflanzen der Welt besitzt und er mag immer wieder nach den Blüten suchen – es gibt viele Botaniker, die noch nie eine Wasserlinsen-Blüte gesehen haben!

In dem volkstümlichen Namen »Entengrütze« kommt zum Ausdruck, daß die Enten dieses faserarme, aber an Eiweiß und Stärke reiche Grün zu schätzen wissen. Auch Gänse und einige Fische mögen es, und in manchen Gegenden hat man es sogar als Viehfutter geerntet. Mein Versuch, die Überproduktion von *Lemna trisulca* bei unseren Zwerghühnern loszuwerden, ist allerdings gescheitert: Sie verschmähten diese Art von Grünfutter.

Was das »Grünfutter« für die Menschen angeht, so habe ich in den Samenkatalogen dieses Jahres einige Neuheiten gefunden, die mich sehr verlocken. Vielleicht taucht die eine oder andere auch in den Verkaufsständern der Samengeschäfte auf.

Sehr gespannt bin ich zum Beispiel auf einen »Japanischen Spinat«, der laut Katalog mit dem Fuchsschwanz verwandt ist, also wohl eine *Amaranthus*-Art ist. Viele Arten dieser Gattung werden, vor allem in den warmen Klimazonen, als Zierpflanzen und als Nahrungspflanzen angebaut. Die Blätter ergeben ein spinatähnliches Gemüse, aus den feinen Samen läßt sich ein nahrhaftes Mehl gewinnen. Einige Arten sind auch bei uns eingeführt und eingeschleppt worden, manche haben sich als stickstoffliebende Schutt-Unkräuter angesiedelt. Man wird also auch den »Japanischen Spinat« gut mit Stickstoff versorgen müssen – was freilich zugleich bedeutet, daß seine Blätter wie die aller *Amaranthus*-Arten reich an Nitrat sind.

Fernöstliche Neuheiten sind auch die »Japanische Petersilie«, die besonders lange und zarte Blattstiele haben soll, und der »Senfspinat«, dessen Name schon sagt, wie er schmeckt; er soll kälteresistent sein, und ich bin neugierig, wie lange man ihn im Herbst – oder gar im Winter? – ernten kann.

Gewiß können solche Neuheiten, die oft mit großen Worten angepriesen werden, enttäuschend sein. Aber es hat seinen Reiz, damit zu experimentieren, und wenn wir das tun, muß es ja nicht bedeuten, daß wir die erprobten herkömmlichen Gemüse vernachlässigen – auch sie waren einst importierte Neuheiten ...

Die Pflanzzeit für Gehölze nähert sich bald ihrem Ende. Da möchte ich schnell noch etwas zum Lobe des Wacholders sagen. In den Baumschulen findet man zahlreiche Arten und Formen, – und am seltensten den einheimischen Gemeinen Wacholder *(Juniperus communis),* den ich allen anderen vorziehen würde, weil seine Beeren eßbar sind. Man sollte aber darauf achten, daß man ein mehrstämmiges Exemplar bekommt, weil es lockerer und breiter wächst als die schmalen Säulen, und man sollte einen älteren »Solitär« kaufen, denn der Wacholder wächst sehr langsam. Die Mehrausgabe macht sich bezahlt, wenn man schon bald die köstlichen Beeren (genauer: die beerenförmigen Zapfen) ernten kann; im ersten Jahr sind sie noch grünlich, im zweiten bräunlich, im dritten reifen sie aus und sind dann blauschwarz, schmecken süßlich und harzig-würzig. Vorsicht ist geboten für Nierenkranke, und auch von der alten Kneipp'schen Wacholderkur (zweihundertundfünfzig Beeren in vier Wochen) rät man inzwischen wohl zu Recht ab. Aber was wäre Sauerkraut ohne Wacholder, was ein Fischgericht ohne ihn?

Jahr für Jahr setzt der Wacholder neue Zapfen an, es sind also an einem Strauch stets alle Reifestufen vertreten. Wegen der stachelspitzen Nadeln ist die Ernte etwas mühsam. Am besten breitet man ein Tuch auf dem Boden aus und streift die Beeren

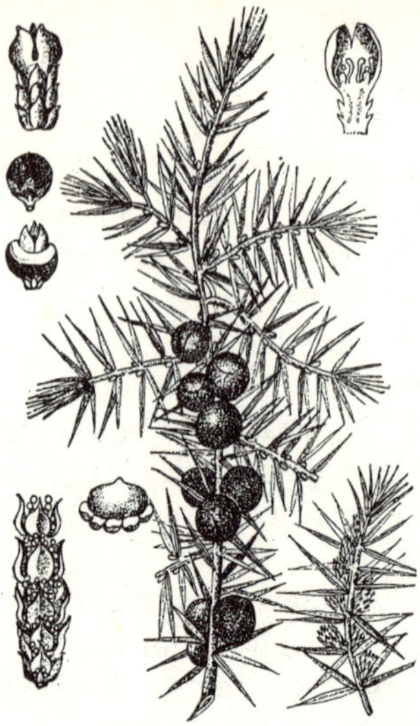

Gemeiner Wacholder

ab. Dafür wie auch für die optische Wirkung des »Machandelbaums« ist es vorteilhaft, ihn freistehend zu pflanzen.

Gern leben die Vögel im Wacholder, bauen Nester darin und beteiligen sich auch an der Beerenernte, mit dem Nebeneffekt, daß allenthalben neue Wacholderbestände heranwachsen, denn die steinharten Samenkörner werden unverdaut ausgeschieden. Der Boden spielt dabei keine Rolle: Der Wacholder gedeiht überall, wenn es ihm nur nicht an Licht mangelt, und er verträgt die Dürre eines heißen Sommers so gut wie den schlimmsten Frost.

Daß sich mit den Zapfen ein besonders guter Branntwein machen läßt, weiß man. Aber fast vergessen sind die unzähligen Anwendungen, die der Wacholder früher in der Volksmedizin fand. Als Räuchermittel, Tee, Öl oder Tinktur pries man ihn gegen nahezu alle Beschwerden des Leibes: gegen die Krankheiten der Atemwege, gegen Magen- und Darmleiden, gegen Stoffwechselstörungen, Hautkrankheiten und rheumatische Erscheinungen aller Art, sogar gegen die Schwermut.

Es versteht sich von selbst, daß ein so wohltätiger Strauch auch zu mancherlei Zauber und Gegenzauber taugt, zum Beispiel dazu, einen Dieb zur Rückgabe des gestohlenen Gutes zu zwingen. Allerdings bedarf es dazu eines großen Strauches, denn man muß einen Ast zur Erde biegen und mit einem Stein beschweren. Grund genug, den Wacholder noch in diesem Jahr zu pflanzen.

Mai

Bei uns blüht die Osterluzei im Mai, anderswo kann es sehr viel später werden, denn die Osterluzei *(Aristolochia clematitis)* ist eine wärmeliebende Pflanze aus dem Mittelmeergebiet und zögert mit ihrem Erscheinen ziemlich lange. Dann aber treibt sie aus dem weit wandernden Rhizom aufrechte, bis zu einem Meter hohe kräftige Stengel mit wechselständigen, herzförmigen Blättern, in deren Achseln die Büschel schwefelgelber Blüten entspringen.

Die Osterluzei ist eine uralte Heilpflanze. Vor Jahrhunderten kam sie über die Klostergärten zu uns und wurde in die Bauerngärten übernommen. Sie hatte sich als besonders wirksames Mittel bei der Wundheilung und bei Hautausschlägen bewährt, vor allem aber galt sie als geburtsförderndes Kraut – *Aristolochia* bedeutet »vortrefflich für Gebärende« – und diente deshalb auch den »weisen Frauen« als Abortivum; den Kühen sollten ein paar Blätter der Osterluzei das Kalben erleichtern.

Natürlich kam es dabei sehr auf die Dosierung an. Der wichtigste Wirkstoff der Osterluzei, die Aristolochiasäure, ist giftig, die innerliche Anwendung daher nicht ungefährlich. Ob die Kräuterweiber früher mit solchen Mitteln auch Tod statt Heilung brachten – oder ob sie ein genaues Wissen von den zuträglichen Mengen hatten, das läßt sich heute nicht mehr ermitteln; ich neige aber dazu, das Letztere anzunehmen, weil ich glaube, daß die weisen Frauen wirklich weise waren.

Grob und unweise erscheint mir hingegen das Verfahren der modernen Forscher: Sie füttern ihre Versuchstiere drei Monate lang pausenlos mit Osterluzei und konstatieren dann mit ernster Miene das Auftreten von Krebsgeschwülsten – woraufhin man sogleich, per Eilverfügung, alle aristolochiahaltigen Präparate verbietet, einschließlich der homöopathischen, von denen man doch sonst gern behauptet, sie seien so lächerlich verdünnt, daß sie überhaupt nichts bewirken könnten ...

Natürlich rate ich nicht zur medizinischen Verwendung. Selbst wenn die Osterluzei ganz harmlos wäre, müßte ich mit einer solchen Empfehlung sehr vorsichtig sein: Die Hinterbliebenen einer auf tragische Weise an einer Gemüsesuppe zu Tode gekommenen Frau haben jetzt den Verlag verklagt, der in einem Wildgemüse-Buch die Wilde Möhre empfohlen, aber nicht dazugesagt hatte, daß man sie mit dem hochgiftigen Gefleckten Schierling *(Conium maculatum)* verwechseln kann; eben dies widerfuhr jener Frau – und nun soll der Verlag es büßen. Wenn es wirklich dazu kommt, dann dürfte niemand mehr wagen, Wildpflanzen zum Verzehr zu empfehlen, denn so viele Verwechslungsmöglichkeiten, wie sie der Unkundige zu finden vermag, kann sich der Kundigste nicht vorher ausdenken.

Da schiene es mir richtiger, schon den Kindern einzuschärfen, daß es sehr viele giftige Pflanzen gibt, daß man nur in den Mund nehmen soll, was man ganz sicher kennt, und daß »sicher kennen« eben nicht heißt: eine ungefähre Ähnlichkeit mit irgendeinem bunten Bildchen in einem Bestimmungsbuch feststellen.

Dies wäre wohl auch die letzten Endes sicherste Lösung für das oft erörterte Problem, wie man Kinder vor Giftpflanzen im Garten schützen kann. Manche würden am liebsten alle giftigen Pflanzen aus Gärten und Parks verbannen. Aber was müßte da nicht alles verschwinden: Taxus und Ilex, Seidelbast und Pfaffenhütchen, Schneeball und Maiglöckchen, Aronstab und Efeu, Liguster und Salomonssiegel, Schneebeere und Goldregen, – und eigentlich dürfte es dann auch keine Bohnen und keine Kartof-

Osterluzei

feln geben, denn rohe Bohnen sind ebenso giftig wie die Früchte der Kartoffelpflanzen. Und die stolzen Besitzer »giftfreier« Gärten müßten erst recht fürchten, daß ihre Kinder, der möglichen Gefahren nicht gewärtig, anderswo das Opfer von lockend roten oder schwarzen Beeren werden oder, einfach so, an einer Herbstzeitlosen kauen.

Ich fände also nichts dabei, auch in einem Garten mit Kindern die Osterluzei anzusiedeln, zumal man hier die Warnung vor dem Gift mit der Demonstration eines eindrucksvollen Bestäubungsmechanismus verbinden kann. Die Blüte der Osterluzei ist nämlich eine der in unserer Flora seltenen »Kesselfallenblüten«.

Die lange, gerade Blütenröhre ist am unteren Ende zu einer kleinen Kugel ausgewölbt, am oberen Ende erweitert sie sich zu einem unsymmetrischen Trichter. Sehr kleine Fliegen landen auf der Trichterwand und gleiten auf ihrer wachsglatten Oberfläche in den unteren »Kessel«, in dem sich die Bestäubungsorgane befinden; dabei passieren sie in der geraden Röhre einen Ring nach unten gerichteter Reusenhaare, die ihnen den Rückweg zunächst versperren. Erst nach ein oder zwei Tagen, wenn die Fliegen in der Blüte die Bestäubung durch mitgebrachten fremden Pollen vollzogen haben, welken die Reusenhaare und geben den Fliegen den Weg frei; mit neuem Pollen beladen rutschen sie dann in die nächste Gleitfalle.

Von der Heilkraft der Osterluzei (deren deutscher Name übrigens nichts mit Ostern zu tun hat, sondern eine Verballhornung des lateinischen Namens ist), weiß heute kaum mehr jemand, und in den Gärten sieht man die Pflanze nur ganz selten. Immerhin fand Peter Titze, ein Erlanger Botaniker, der sich besonders mit der menschlich beeinflußten Flora der Dörfer und Bauerngärten befaßt, die Osterluzei an mehreren Stellen des Erlanger Stadtgebietes, teils in alten Gärten, teils verwildert, und oft auch in den »Würzbüscheln«, die an Mariae Himmelfahrt (15. August) zur »Kräuterweihe« in die Kirchen gebracht werden. Wer die Osterluzei in den Garten holt und an eine warme, trockene, gut mit Kalk versorgte Stelle pflanzt, nimmt also nicht nur eine schöne Pflanze, sondern ein Stück alten Kulturgutes in seine Obhut.

»Kulturgut« ist eigentlich ein schreckliches Wort: Etwas, was früheren Generationen ein vertrauter und hilfreicher Begleiter war, ist für uns ein »Kulturgut«, das wir in der Gärtnerei kaufen können – und dabei müssen wir uns und können wir uns noch freuen, *daß* wir es kaufen können und daß es nicht ganz verschollen ist. Aber solange die Welt mit jedem Tag immer noch weiter demoliert wird, bleibt bei solchen Käufen ein bitterer Beigeschmack: als kaufte man ein Souvenir von einem Ort, den es nicht mehr gibt – und ich verbitte mir, daß dies Nostalgie genannt wird. Es ist die schiere Verzweiflung, die uns packt, wenn wir an die Tümpel und Wiesen und Gebüsche unserer Jugend denken – und dabei hatte damals, vor vierzig, fünfzig Jahren, der stolze Fortschritt ja schon seine tiefen Todesschneisen in die Landschaft geschlagen.

Es ist nicht Nostalgie, sondern schiere Verzweiflung, wenn wir, zum Beispiel, bei einer Wasserpflanzengärtnerei jetzt den Schwimmfarn *(Salvinia natans)* bestellen. In der Roten Liste ist er in der Rubrik »Vom Aussterben bedroht« aufgeführt. Wenn er überhaupt zu retten ist, dann nur mit Hilfe des Zornes, der in uns hochsteigt angesichts der zarten, höchstens bleistiftlangen Sprosse – nur eine von Hunderten von Arten, die einfach ausgetilgt werden (während der Bundesforschungsminister die Gentechnologie, die uns endlich neue, nützliche Arten bescheren wird, als das große »Wachstumsfeld der Zukunft« ausruft . . .).

Was man vom Schwimmfarn sieht, wenn er schwimmt, ist nur ein Teil seiner Blätter. Der Sproß ist mit dreiblättrigen Quirlen besetzt – aber nur jeweils zwei Blätter sind Schwimmblätter, das dritte ist ein untergetauchtes Wasserblatt, schmal und lang und faserig zerteilt wie eine dünne Wurzel; es erfüllt wohl auch die Aufgabe einer Schwimmwurzel insofern, als es der Stabilisierung des Sprosses dient. Die Sporenbehälter sind gleichfalls untergetaucht, sie sitzen am Grunde der Wasserblätter. Im Spätherbst sinken die reifen Sporen auf den Grund und überwintern dort, während der Sproß abstirbt. Der Schwimmfarn liebt warme, nährstoffreiche Gewässer und braucht natürlich ein Stück freier Wasserfläche, auf dem er nicht von anderen Wasserpflanzen bedrängt wird.

Wer, etwa angeregt durch diesen Hinweis, einen Wasserpflanzen-Katalog bestellt, der wird erstaunt sein über die Fülle von Arten, die ihm angeboten werden, weit mehr als das karge Dutzend in den Gartencentern, weit mehr auch, als sich in einem kleinen Gartenteich oder Graben unterbringen läßt, – da müssen dann notfalls die billigen Mörtelkübel als »Gästezimmer« die-

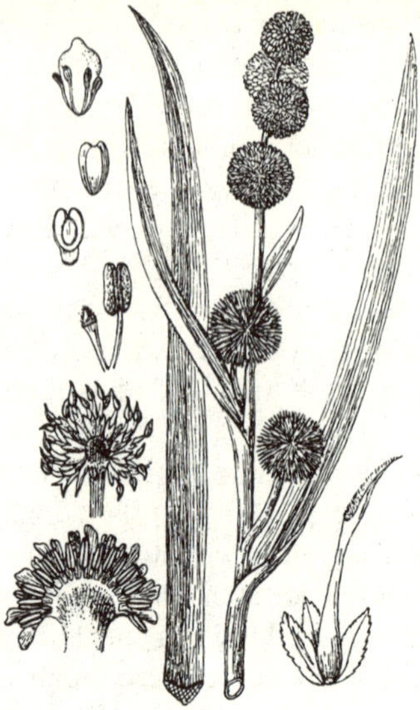

Einfacher Igelkolben

nen. Wie wäre es, wenn man einen solchen Kübel, vielleicht mit einer Holzverkleidung versehen, vor die Haustür stellte, dorthin, wo bisher ein Topf mit Pelargonien die Eingangszierde bildete? Nicht weniger zierend wäre, zum Beispiel, ein Kübel mit einer Handbreit schwachsaurer Erde, bis zum Rand mit Wasser gefüllt, darin der Aufrechte Igelkolben *(Sparganium erectum)* zusammen mit der Wassernuß *(Trapa natans),* deren rautenförmige, rosettig angeordnete Schwimmblätter mit den leicht aufgetriebenen Blattstielen höchst merkwürdig anzusehen sind. Oder ein sumpfiger Kübel mit Pfeilkraut und Sumpffarn *(Thelypteris palustris)*. Oder ... oder ... oder ...

Traubenhyazinthe und Venushaar – abgeschnitten, gebündelt und in einen Krug gestopft; die Blütenglöckchen aufeinandergestapelt, während sie doch draußen in der Natur an hoch aufgerichteten Stengeln frei nach unten hängen; das Venushaar zur grünen Dekorationsmanschette verkommen, so daß man ihm sein Farn-Wesen nicht mehr ansieht und kaum bemerkt, worin die Eigenart dieser Wedel besteht: in dem überraschenden Gegensatz zwischen den drahtigen, schwarzglänzenden Stengeln und den hauchdünnen, weichen Blattspreiten.

Der Strauß, das Büschel im glasierten Topf – Sinnbild geradezu für einen raubhaften Umgang mit den Hervorbringungen der Natur und für die Künstlichkeit ihrer Verwertung.

Gedankenlos angeeignete Beute, losgerissene Bruchstücke sinnlos für sich stehend, dem schnellen Verwelken überantwortet, die Farben wie ein letzter verzweifelter Gruß, das Ganze übermorgen nur noch ein blasses Bündel im Mülleimer. Wieviel einfühlsamer und naturfreundlicher wäre es dagegen gewesen, diese Pflanzen dort zu betrachten, wo sie wirklich leben, und ihnen dann ihr Leben zu lassen, nur ihr Bild mitzunehmen, inwendig, oder – notfalls – auf einem Film. Alles falsch. Oder doch: fast alles. Es ist gar nicht zu leugnen, daß die Ausrottung mancher Pflanzen durch blumenpflückende Spaziergänger herbeigeführt oder beschleunigt worden ist, und wer je in den Alpen wanderte, kennt den Anblick der achtlos fortgeworfenen »Alpenrosen«-Sträuße, die man zuerst abrupft und dann, wenn sie lästig werden, irgendwo wieder fallenläßt. Die Polemik gegen solche und andere Sträuße kann einleuchtend klingen und hat ein paar treffliche Argumente – aber so vernünftig sie sich gibt, so sehr verfehlt sie doch die Sache, und dies nicht etwa deshalb, weil sie zu vernünftig wäre. Im Gegenteil: Sie übersieht just diejenigen Antriebe und Gründe für das Blumenpflücken und Sträußemachen, die durchaus der vernünftigen Erwägung zugänglich sind.

Daß es mit den Sträußen eine sehr elementare Bewandtnis haben muß, erhellt schon daraus, daß Kinder von Blumen magisch angezogen werden, sie sofort abzupfen, bündeln und in kleinen Händen festhalten wie einen Schatz. Vor allem die Fülle fasziniert die Kinder. Sie stürzen sich in den Butterblumenteppich oder auf die Krokuswiese und raffen selbstvergessen mehr zusammen, als sie zu packen vermögen. Das kann ja noch keine zivilisatorische Verbildung sein, keine ästhetisierende Ersatzhandlung, sondern das ist das Kennzeichen für ein urtümliches Bedürfnis – alte Erinnerung ans Sammeln und Ernten.

(Freilich liegen Ernte und Raub nahe beieinander. Ernte, wenn sie die Selbsterneuerung der Fülle gefährdet, ist Raub.)

Jene Städter, die Blumen pflücken und einen Strauß nach Hause tragen, verschaffen sich nicht nur den Strauß, sondern vor allem das Erlebnis des Erntens, das sie – meist ohne sich darüber klar zu werden – bitter entbehren. Gerade die weggeworfenen Sträuße zeigen, daß es nicht um die Beute ging, sondern um das Ernten, um das Annehmen eines sich darbietenden Reichtums, der nicht gemacht, sondern gewachsen ist und immer wieder nachwächst, mit oder ohne Zutun des Menschen, aber letzten Endes doch immer »von selbst«. Wenn dieses Ernten eine Ersatzhandlung ist, dann sind jedenfalls nicht diejenigen zu schelten, die sie unbewußt begehen; zu beklagen ist vielmehr die Einrichtung der Welt, in der sie leben und die ihnen das Ernten verwehrt (oder, als eine verderbte Form des Erntens, das Kaufen an seine Stelle zu setzen sucht, mit Warentischen wie Krokuswiesen). Es ist wahr: Die Sträuße sind aus dem Zusammenhang gerissen; sie stehen nur noch für sich selbst und nicht mehr für die natürliche Ordnung, der sie entstammen.

Die Ordnung der Zusammenhänge erscheint uns derzeit weit wichtiger als die Gestalt des Vereinzelten. Das hat seine ernsten Gründe. Aber es ist doch bemerkenswert, daß man zu einer Zeit, als man das einzelne noch je für sich wichtig nahm, die große Ordnung dahinter ganz selbstverständlich anerkannte (und zugleich als unbegreiflich erkannte), während man heute das einzelne eher vernachlässigt und statt dessen unentwegt die große Ordnung als solche zu entziffern trachtet, oft in der Hoffnung, mit hinreichend leistungsfähigen Computern sei die Programmierung dieser Welt aufzudecken. In dem gleichen Maße, in dem man die Funktionsweisen des Ganzen zu enthüllen sucht, wird die Gestalt des Vereinzelten zur bloßen Funktion der Funktionsweisen reduziert. Für den Pflanzensoziologen und den Ökologen ist die Zusammenstellung von Traubenhyazinthe und Venushaar eine peinigende Ungehörigkeit – um so eindrucksvoller erscheinen dem unvoreingenommenen Betrachter diese auf sich gestellten Gestalten. Man erfaßt sie nicht, indem man nachweist, durch welchen ökologischen Nutzen ihre Details bedingt sind. Man erfaßt sie auch nicht, indem man sie im Vorbeigehen registriert und dann zur nächsten Gestalt weiterschreitet. Gestalt erschließt sich erst dem, der sich ihr überläßt, immer wieder oder über eine längere Zeit anschauend und meditierend. Wenn sich im Iris-Strauß über zwei oder drei Stunden hinweg eine Blüte entfaltet (und sogar noch, wenn diese Blüte tags darauf in einer höchst merkwürdigen Art der Verflüssigung verwelkt), dann weist das, was da geschieht, weit über die Kriterien hinaus, mit denen die Zeckmäßigkeit dieser Lebensvollzüge beschrieben werden kann.

Noch ein anderer urtümlicher Antrieb kommt ins Spiel, der von jeher alles Sammeln des Vereinzelten mitbestimmt hat: der Wunsch, zu unterscheiden, tiefer einzudringen in die Details, das Bild der Gegenstände dem Gedächtnis einzuprägen – der Besitz des Dinges als Voraussetzung und Vorstufe dafür, daß man sich seiner geistig bemächtigt. Die botanische Wissenschaft basiert auf Herbarien. Herbarien sind nichts anderes als getrocknete Sträuße, bewahrt zum Zwecke des unterscheidenden Erkennens und Wiedererkennens. Der Strauß ist das Herbarium des Nichtbotanikers, auch er dient der Vergegenwärtigung, dem Erkennen und Wiedererkennen – ganz ungewollt und unbewußt auch dann, wenn er nur zur Dekoration eingeholt und aufgestellt worden ist.

Aber was heißt denn »nur« zur Dekoration? Was ist denn solche Dekoration anderes als die Erfüllung des Bedürfnisses zur festlichen Darbietung eines Reichtums, der aus anderen Quellen kommt als jeder gekaufte und gemachte Reichtum, und der geschenkt ist, bevor man ihn angenommen hat.

Es ist nur ein Zufall, aber ein hübscher Zufall, daß just jene Traubenhyazinthen, wie sie in dem auf Seite 44 beschriebenen Strauß aufgestapelt erscheinen, vor nicht weniger als fünfzigtausend Jahren schon einmal zu Sträußen gestapelt worden sind: in den Gräbern der Neandertaler von Shanidar im Norden des Irak. Jene Menschen, die wir uns noch immer so vorstellen, als wären sie mit krummen Beinen und vorgestrecktem Kopf durchs Savannengras getrampelt, kleinverständig, von äffischem Wesen und ohne jeden Sinn fürs Höhere und Feinere – jene Menschen haben ihre Toten auf einem Bett aus Blumen zur Ruhe gebettet, und diese Blumen waren, wie man aus der Lage der erhaltenen Pollenhäufchen ermittelt hat, zu Sträußen zusammengelegt und offenbar mit Sinn für Farbenschönheit angeordnet: Kreuzkraut-Arten, Flockenblumen, Schafgarbe – und eben die blaue Traubenhyazinthe, das Ganze übrigens durchsetzt mit ginsterähnlichen Zweigen des Ephedra-Strauches. Sträuße also, kaum anders als dieser im glasierten Krug. Wer es noch kann, mag staunen über den Bogen, der fünfzigtausend Jahre überspannt; um so eher wird er dann geneigt sein, in dem bescheidenen Strauß von Traubenhyazinthen und Venushaar mehr zu sehen als nur die Ausgeburt einer künstelnden Zivilisation, deren Insassen sich roh und gedankenlos in der Natur mit Schmucksachen bedienen.

Gegen Ende seines Berufslebens schrieb der Gärtnermeister Wilhelm Tatter seine Memoiren. Sie bestanden aus zwei Sätzen und einer Liste, wurden vor hundert Jahren in der ›Gartenzeitung‹ veröffentlicht und lauteten so:

»Als ich im Jahre 1846 im Treib- und Gemüse-Reviere in Sanssouci die erste Gehilfenstelle bekleidete, wurde ich von dem seligen Hofgärtner Nietner, dem damaligen Vorstande des Reviers, beauftragt, während vier Wochen im Mai nachfolgende Kräuter, zu gleichen Theilen, täglich zu sammeln und in die königliche Küche abzuliefern, welche für Alexander von Humboldt zu einer Kräutersuppe dienen sollten, deren Auswahl dieser hohe Herr selbst getroffen hatte. Da dieses Kräutersuppen-Recept vielleicht für einige Leser dieser verehrten Zeitung von Interesse sein könnte, so erlaube ich mir, die betreffenden Kräuter hier folgen zu lassen:

Gundermann, Schafgarbe, Bibernelle, Tripmadam, Brunnenkresse, Gartenkresse, Gänseblümchen, Waldmeister, Sauerampfer, Portulak, Kerbel.«

Solche »Frühlingssuppen« mit einer Auswahl aus dem endlich wieder ergrünten Kräuterreichtum der Wiesen und Gärten sind bis heute beliebt und haben sogar im Repertoire der Instant-Suppen überdauert. In manchen Gegenden hieß die Suppe »Gründonnerstagssuppe«, in anderen »Neunstärke«, weil sie neun Kräuter zur Stärkung des Leibes enthielt.

Fünf davon sind auch Bestandteile von Humboldts Mai-Suppe, und sie sind ganz problemlos im Garten zu kultivieren: Der *Sauerampfer,* die *Bibernelle* (wo sie nicht zu haben war, nahm man den Kleinen Wiesenknopf), das *Gänseblümchen,* die *Schafgarbe* und die *Tripmadam,* eine weiß blühende, scharfschmeckende Sedum-Art, die man freilich nur in geringen Mengen verwenden sollte, – weshalb an des Gärtners Tatter Mitteilung, er habe die Kräuter »zu gleichen Theilen« abgeliefert, Zweifel erlaubt sind.

Alexander von Humboldt hatte damals seine großen Reisen längst hinter sich und lebte schon fast zwei Jahrzehnte in Berlin, weil der König ihn immer um sich haben wollte. Dreizehn Jahre später starb er. Zusammen mit anderen Humboldts liegt er im Garten seines Schlößchens in Tegel begraben, und vielleicht wuchert ebendort im Schatten der *Gundermann,* ein weiterer Bestandteil von Humboldts Suppe. Daß er sich wuchernd ausbreitet, ist für das Ernten von Vorteil, erschwert allerdings die Verwirklichung des Planes, den ich gefaßt habe: ein Alexander-von-Humboldt-Beet anzulegen und im Gedanken an den Verfasser der ›Ideen zu einer Physiognomik der Gewächse‹ im Mai die Kräuter für eine Suppe zu pflücken. Der Gundermann muß am Rand stehen und durch eine tief eingegrabene Rasenkante daran gehindert werden, die anderen Kräuter zu verdrängen.

Ähnliche Schwierigkeiten macht der *Waldmeister,* und vielleicht werde ich auf ihn auch ganz verzichten, zumal sich ja inzwischen herausgestellt hat, daß er durch seinen Cumaringehalt der Gesundheit eher abträglich ist.

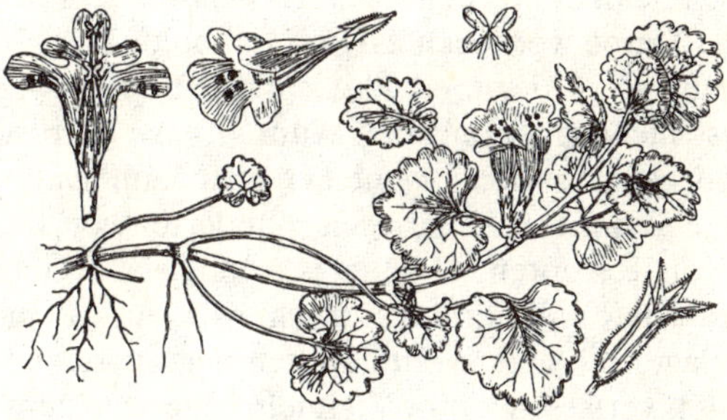

Gundermann

Die *Gartenkresse* wird meist am Fensterbrett auf Watte gesät und schon nach wenigen Tagen mit der Schere abgemäht. Auf meinem Humboldt-Beet darf sie sich voll entfalten, ihre zarten weißen Blütendolden vorführen und die Samen ausreifen lassen, die gleich wieder keimen.

Die Samen des *Portulak* dürfen wir nicht vor Mitte Mai ausbringen, denn der Portulak braucht Sonne und Wärme, und wenn der Gärtner Tatter ihn schon im Mai für Humboldts Suppe geerntet hat, dann kam er wohl aus einem Gewächshaus und nicht vom freien Feld. Seine fleischigen, säuerlich schmeckenden Blätter entwickeln sich sehr schnell, aber nur, wenn die Pflanzen genügend Feuchtigkeit haben, andernfalls kümmern sie dahin.

Das Wasser ist auch das Problem bei der *Brunnenkresse.* Man kann sie eine Zeitlang in flachen Gefäßen kultivieren, auch wohl in einem kleinen Tümpel. Lange aber hält sie es da nicht aus, sie muß fließendes Wasser haben, wenn sie nicht wegfaulen soll. Doch können wir notfalls auf die Brunnenkresse verzichten, denn sie schmeckt kaum anders als die Gartenkresse: wie scharfer Senf.

Bleibt schließlich der *Kerbel,* den wir ab März aussäen und immer wieder nachsäen sollten. Wie bei der Gartenkresse können wir den Samen selber ernten und brauchen nicht immer neue Tütchen zu kaufen. Die letzte Sommer-Aussaat kommt grün über den Winter und erfreut uns, sobald der Schnee geschmolzen ist, mit frischem Kraut.

Neunzig Jahre alt ist Alexander von Humboldt geworden. Wir dürfen annehmen, daß die elf Maikräuter aus dem Gemüse-Revier von Sanssouci ihren Anteil daran hatten. Ich weiß noch nicht, ob ich neunzig werden will. Aber das Beet werde ich anlegen und die Suppe werde ich essen. Humboldt zu Ehren.

Mai-Garten ... – der Gedankensprung zu den Liebeszauberpflanzen ist nicht groß und der Wunsch nach Selbstversorgung mit Aphrodisiaka aus dem eigenen Garten dann nicht weit. Doch täusche man sich nicht: Es gibt seit Hunderten von Jahren Aberdutzende von Rezepten, aber es ist auf diesem Gebiet so viel herumphantasiert und herumgepfuscht worden, daß man sich auf die Ratschläge, die einer vom anderen abgeschrieben hat, nicht im geringsten verlassen kann. Vielmehr muß man zum Selbstversuch schreiten, und das bedeutet in diesem Fall sorgfältig geplante Versuchsserien mit Blindversuchen und Doppelblindversuchen, mit variierender Dosierung, sorgfältiger Protokollierung und genauester Beachtung aller Umstände, die sonst noch den angestrebten Zweck der Erzeugung oder Beförderung der Liebe beeinflussen könnten. Geduld und Umsicht sind vonnöten, und selbstverständlich darf man nicht alles durcheinander probieren, sondern muß ganz systematisch vorgehen, Pflanze für Pflanze. Eine Lebensaufgabe für liebende Gärtner. Wer sie auf sich nehmen will, mag mit dem Bohnenkraut beginnen, von dem Pierandrea Matthiolus in seinem 1563 zu Prag erschienenen ›New Kreuterbuch‹ versichert, es biete »eine liebliche scharpffe darmit sie den lust und begird zum essen erweckt / sterckt das dewen im magen / benimpt den ungelust und das wüllen / *bringt die vnkeusche begirde auff die ban* ...«, – woran er die Vermutung anschließt, der von ihm benutzte Name Saturey für Bohnenkraut leite sich von »Satyr« her. Das ist wohl möglich, jedenfalls ist der Name sehr alt, da schon Ovid und Plinius von *satureia* sprechen. Wer das einjährige Bohnenkraut im April ausgesät hat, muß mit den Versuchen zur aphrodisierenden Wirkung noch etwas warten, während die Besitzer des (nicht nur aus diesem Grunde vorzuziehenden) ausdauernden Bohnenkrauts *(Satureja montanum)* sogleich damit beginnen können. Hinter der Hecke kauern die bocksbärtigen Satyrn und lachen sich ins Fäustchen.

Eine andere Art von Selbstversuchen ist ernsterer Natur und erfolgversprechender, dabei sehr einfach: Wir brauchen dafür nur die Augen zu schließen und uns vorzustellen, wir wären blind. So tappen wir durch unseren Garten und versuchen, die Pflanzen mit den Fingerspitzen wiederzuerkennen, oder wir lassen uns Blätter und Blüten reichen, tasten die Konturen und die Oberfläche ab, bemerken plötzlich Adern, Runzeln, weichen Flaum und anderes, was wir zuvor mit offenen Augen nicht gesehen haben. Wir spüren, vielleicht zum ersten Mal bewußt, die Unterschiede zwischen runden, kantigen, geflügelten oder gerieften Stengeln und lernen, daß wir sehr oft mit offenen Augen blind sind, während uns die geschlossenen Augen sehend machen.

Man kann das üben, und man wird sich wundern, wie dumm die Fingerspitzen anfangs sind und wie schnell sie empfindsam werden für Strukturen und Texturen, für Weichheit und Starrheit, für das Schnurwerk von Wurzeln oder die Plastik von Früchten. »Unter der Hand« dehnen sich Blätter zu Landschaften, Stengel zu Bäumen, und am Blattgrund der Irisschwerter erfühlen wir, bevor wir sie sehen, die noch ganz flache Knospe des Blütenstengels, der sich bald und schnell in die Höhe schieben wird. Der Geduldige, der solche Übungen des Erfassens mit dem Tastsinn weiterführt, wird spüren, wie er in eine meditative Ruhe hinübergleitet, und während er aus der Erinnerung das Bild der erfühlten Form heraufzuholen sucht, verbindet er sich immer enger auf eine neue Weise mit dem fremden Wesen, das er in der Hand hält. Je selbstverständlicher ihm diese Feinspürigkeit wird, um so besser wird der Tastsinn den Gesichtssinn in der Weise ergänzen, daß das Ertastete zugleich gesehen und das nur mit den Augen Gesehene zugleich mit den Fingerspitzen erfühlt wird, ohne daß es einer Berührung bedürfte:

Beinwell

Man beginnt mit den Händen zu sehen und mit den Augen zu fühlen.

Da erschließen sich nicht nur die Gegensätze, sondern auch die Nuancen der Gemeinsamkeiten, zum Beispiel die »Charaktereigenschaften« ganzer Pflanzenfamilien. Daß die Hundszunge *(Cynoglossum),* die Ochsenzunge *(Anchusa)* und der Beinwell *(Symphytum)* zusammen mit dem Borretsch *(Borago)* der Familie der rauhblättrigen Borretschgewächse *(Boraginaceae)* angehören, sieht man auf den ersten Blick. Mehr Einfühlung im wörtlichen Sinne aber braucht man, um auch das Lungenkraut *(Pulmonaria)* oder das Vergißmeinnicht *(Myosotis)* als Vertreter der Borretsch-Familie wahrzunehmen; der Tastsinn beglaubigt die Verwandtschaft, und alles, was man spürt, sieht und weiß, rundet sich zu einem Bild, in dem die Ähnlichkeiten sich zu scharfen Konturen addieren und die Besonderheiten dennoch sichtbar bleiben.

Es reizt mich immer, solche Verwandtschaft im Garten als Nachbarschaft darzustellen. Wie bei der menschlichen Verwandtschaft ist aber gerade das Ähnliche oft unverträglich, wenn man es zusammenzwingt. Gräser oder niedrige Polsterpflanzen müssen dann die Quartiere der Familienmitglieder etwas voneinander sondern.

Bei solchen Vorschlägen gedenke ich mitfühlend der Balkon- und Fenstergärtner, die von derartigen Pflanzengruppen nur träumen können. Doch hätte ich für sie ein nicht minder lockendes Angebot: die Gruppe der sogenannten Duft-Pelargonien, von denen man jetzt im Mai ein ganzes Sortiment bestellen kann.

Ich benutze die Gelegenheit, dafür zu werben, daß man diese Pflanzen mit ihrem richtigen Namen »Pelargonien« anspricht und ihnen nicht zumutet, auf den falschen Namen »Geranien« zu hören. Zwar zählen die Pelargonien zur Familie der Geraniaceen, der Storchschnabelgewächse, aber mit der darunter fallenden Gattung *Geranium* sind sie nur verwandt und nicht identisch, sie sind eine Gattung für sich: *Pelargonium,* und all unsere Balkonkasten-»Geranien« gehören dazu.

Die Pelargonien wurden vor über zweihundertfünfzig Jahren aus Südafrika eingeführt und gewannen sogleich die Zuneigung aller europäischen Hausfrauen. Für ihre schnelle Verbreitung war außer dem reichen und ausdauernden Blütenflor sicher auch der Umstand günstig, daß die Pelargonien sich während des ganzen Sommers sehr leicht durch Stecklinge vermehren lassen. Pelargonien kauft man eigentlich nicht, sondern man bittet um Erlaubnis, sich eine abzuknipsen.

Wir übergehen die bunten Scharen von »Edelpelargonien«-Züchtungen und sprechen nur von den züchterisch kaum oder gar nicht veränderten Arten, deren Blätter, wenn man sie nur leise berührt, die herrlichsten Düfte verströmen, und zwar Düfte aus mehreren Provinzen des Pflanzenreichs. Ich nenne nur einige:

Pelargonium x citriodorum, die bekannteste Duft-Pelargonie, riecht nach Zitrone; *Pelargonium graveolens* überrascht mit Rosenduft, *Pelargonium odoratum* mit dem Geruch von Äpfeln; *Pelargonium tomentosum* duftet nach Minze, und *Pelargonium x fragrans* heißt in England Muskatgeranie, aber ihr Muskatduft wird durch eine Fichtennadelnote abgewandelt; von *Pelargonium denticulatum* schließlich heißt es in Büchern und Katalogen stets, ihr Laub dufte »balsamisch«, aber da sich darunter kaum jemand etwas vorstellen kann, würde ich »harzig« dazu sagen.

Es gibt noch viele andere Duft-Pelargonien mit ähnlichen oder anderen Duftnoten, selbst Pfeffer, Wermut und Moschus sind dabei vertreten. Alle sind leicht am Fensterbrett zu kultivieren, wenn man ihre Neigung zu aufstrebendem Wuchs durch Beschneiden früh genug bändigt, und wenn man ihnen im Winter einen kühleren Platz gibt. Ein Vorrat gut entwickelter buschiger Stecklinge ist hilfreich, wenn wir ein Angebinde für jemanden brauchen, der keinen Garten hat und deshalb mit unseren Stauden-Ablegern nichts anfangen kann. Der mögliche Vorwurf, solch großmütterlicher Zimmerblumen-Zeitvertreib sei abgeschmackt und ohne ökologischen Nutzen, trifft uns nicht: Alle Duft-Pelargonien sind vortreffliche Tee- und Gewürzpflanzen. Wir können die Blätter feingewiegt an den Salat geben oder aparte Tees damit aufbrühen, und wir können sie beim Kuchenbacken und Geleemachen immer dann verwenden, wenn Rosen- und Zitronenaroma gewünscht wird. Die Blätter der Schmetterlings-Pelargonie *(P. papilionaceum)* wurden in Südafrika sogar wie Tabak geraucht.

Die Blüten der Duft-Pelargonien sind bescheiden, aber, von nahem betrachtet, durchaus nicht ohne Reiz. Nach der Blüte sollten wir die Pflanzen kräftig beschneiden. Wenn wir die Blätter verwenden wollen, können wir sie trocknen – sie verlieren ihr Aroma dabei nicht.

Juni

Im Februar hatte ich Stachelbeerbäumchen und Haselsträucher umpflanzen wollen, aber der Boden blieb wochenlang steinhart gefroren, und wir Gärtner mußten unsere Zuflucht zu Ersatzhandlungen nehmen: Samentütchen sortieren und Bücher lesen. Inzwischen sind die Samen aufgegangen, und die Anregungen aus den Büchern können wir jetzt in die Tat umsetzen.

Zum Beispiel das *Abmoosen,* ein uraltes, nämlich schon von den alten Chinesen praktiziertes Vermehrungsverfahren für Gehölze. Es ist ein wenig umständlich, folglich unwirtschaftlich und bei den Berufsgärtnern außer Gebrauch gekommen. Andreas Bärtels hat es in der Neuauflage seines Buches ›Gehölzvermehrung‹ aber wieder ausführlich beschrieben, und als ich das im Februar las, habe ich's gleich für den Juni im Kalender notiert.

Zwischenbemerkung: In den Gartenbüchern, die für den Laien geschrieben sind, wird meist so getan, als sei die Vermehrung von Gehölzen nur etwas für den Fachmann. Nicht einmal eine Tabelle für die Termine der Stecklingsvermehrung (die von Art zu Art verschieden sind) findet man. Wer auch nur zum Vergnügen nebenbei dergleichen einmal probieren will, braucht also ein richtiges Fachbuch wie das von Bärtels. Darin wird er dann aber auch lückenlos informiert, sowohl über alle Vermehrungsverfahren wie auch über die Termine dafür – vom Januar (Mahonien-Stecklinge) bis zum Dezember (Tannen-Aussaat), und dazwischen, Ende Mai oder Anfang Juni: das Abmoosen.

Beim Abmoosen regt man einen älteren (aber noch nicht zu stark verholzten) Trieb zur Wurzelbildung an, ohne ihn – wie bei der Stecklingsvermehrung – abzuschneiden. Er wird nur flach angeschnitten, derart, daß eine etwa einen Zentimeter lange, nach unten gerichtete Zunge entsteht. Unter die Zunge klemmt man ein sauberes Steinchen, damit der abstehende Span nicht gleich wieder anwächst.

Durch den Einschnitt bewirken wir, daß der im Holz aufsteigende Saftstrom nicht unterbrochen, die Ernährung des Triebes also nicht gestört wird, während der nach unten gerichtete Strom der von den Blättern gebildeten Assimilate sich an der Schnittstelle staut und damit die Wurzelbildung begünstigt.

Nun muß es aber, wo sich Wurzeln bilden sollen, feucht und dunkel sein. Das erreichen wir, indem wir um die Schnittstelle herum ein faustgroßes Büschel gut eingeweichtes Torfmoos *(Sphagnum)* packen, das wir uns in einem Blumengeschäft besorgen können.

Den Moosballen umhüllen wir mit einem Stück undurchlässiger Folie, die das Licht abhält und die Austrocknung des Mooses verhindert. Damit es unter der Folie nicht zu warm wird, schaffen wir durch das Umlegen einer zweiten Folie ein isolierendes Luftpolster; diese Folie sollte weiß sein (Einkaufstüte), um Licht- und Wärmestrahlung abzuweisen. Zum gleichen Zweck können wir als äußere oder innere Umhüllung auch eine Aluminiumfolie nehmen. Wenn wir beide Folien an ein paar Stellen mit einer Nadel durchlöchern, ermöglichen wir den lebensnotwendigen Gasaustausch, ohne daß das Moos austrocknen kann.

Abwandlungen und Experimente sind möglich. Zum Beispiel können wir ausprobieren, ob das Moos unter einer perforierten Mulchfolie feucht genug bleibt. Förderlich ist es auch, wenn wir die Schnittstelle mit einem Bewurzelungsmittel (z.B. »Wurzelfix«) einpudern. Die alten Gärtner kannten noch einen anderen Trick: Statt eines Steinchens schoben sie ein Haferkorn unter die Lasche der Schnittstelle; das Korn keimte und setzte dabei Stoffe frei, die die Wurzelbildung anregten.

Wenn wir den Moosballen eingepackt und oben und unten fest verschnürt haben, brauchen wir nur noch abzuwarten. Am besten vergessen wir das Päckchen, damit wir gar nicht erst in Versuchung geraten, die Wurzelbildung durch unzeitiges Nachprüfen zu stören. Ende Oktober erst lösen wir die Verschnürung, und wenn das Moos feucht geblieben ist und der Baum oder Strauch mit dem Vermehrungsverfahren einverstanden war, dann finden wir den Moosballen durchwurzelt und können den »Luftableger« unterhalb der Wurzeln abschneiden. Wir pflanzen ihn ein und haben nun, je nach dem Alter des abgemoosten Triebes, eine mehrjährige Jungpflanze. Gegenüber Stecklingen oder Sämlingen bedeutet das einen beträchtlichen Vorsprung.

Der besondere Reiz des Verfahrens besteht für meinen Geschmack darin, daß man im Mai oder Juni ein Päckchen packt und, ohne sonst etwas tun zu müssen, im Herbst einen kleinen Baum auspacken kann. Wer packt nicht gern ein Päckchen aus? Am liebsten tun es die Kinder, und so scheint mir das Abmoosen auch eine der gärtnerischen Tätigkeiten zu sein, mit denen man die Zuneigung der Kinder zum Garten und seinen Pflanzen erwecken kann. Sie lernen daran, daß viele Holzgewächse imstande sind, aus ihren Zweigen weit oberhalb des Bodens Wurzeln zu treiben, wenn man ihnen die Illusion feuchten Erdreichs verschafft, – und sie erfahren auch etwas von der gärtnerischen Tugend der Geduld und vom Nutzen des Nichtstuns. Wenn wir die Kinder für den Garten begeistern wollen, dürfen wir uns ja nicht darauf beschränken, sie zu den (Hilfs-)Arbeiten heranzuziehen; auch das »eigene Beet« übt nur selten die Anziehungskraft aus, die ihm in Kinder-Gartenbüchern zugeschrieben wird. Vielmehr müssen wir versuchen, Spannung und Neugier wachzurufen, indem wir uns besondere – und notfalls auch absonderliche – Vergnügungen einfallen lassen.

Eine Menge solcher Anregungen fand ich in einem anderen meiner Februar-Bücher, in Diana Simmons' ›Gartenbuch für Kinder‹. Darin steht zum Beispiel, wie man ab Mitte Mai im Garten einen Wigwam aus Stangenbohnen hochziehen kann, und es wird erinnert an den alten, leider immer wieder vergessenen Brauch, einem Kind bei der Geburt »seinen« Baum zu pflanzen, als Sämling, der mit ihm wächst. Es steht auch darin, daß kleine Plastikkamele ein passender Schmuck für Kakteen-Schalen sind – aber davon abgesehen ist es ein anregendes und (nicht nur Kindern) Lust machendes Buch, auch dann geeignet, wenn gar kein Garten, sondern nur eine Fensterbank oder ein Balkon zur Verfügung steht. Die Vorschläge laden nicht nur zur Ausführung ein, sondern auch zum Weiterspinnen.

Zum Beispiel können wir, wenn jetzt die Möhrenreihen ausgedünnt werden, den Kindern die kleinen Sämlinge mit den noch ganz zarten Möhrenwurzeln geben, statt sie wegzuwerfen. Wenn man die Wurzeln ein wenig einkürzt und sie *nicht* in einen lockeren Boden pflanzt, wie sich das für Möhren eigentlich gehört, sondern auf ein mit vielen Steinchen und Erdklumpen durchsetztes Beet, dann müssen sich die wachsenden Möhren winden und teilen, und was daraus entsteht, ist eine Versammlung grotesker Karottentrolle, an denen die Kinder ihren Spaß haben.

Auf der Schafweide, wo noch vor einem Jahr die Brennesseln jede Woche einen Fußbreit Geländegewinn erzielen konnten, hat sich unsere simple chemiefreie Strategie bewährt: Wenn die

Stengel hoch und kräftig genug geworden sind, reißen wir sie aus, mit so viel Wurzelwerk wie möglich. Allmählich werden die Bestände dann dünner, die neuen Austriebe brauchen immer länger, und das Gras kommt wieder voran. In diesem Jahr reicht schon eine Arbeitsstunde im Monat, um den Schafen ihre Weide zu erhalten, im vorigen Jahr war es noch eine Stunde in der Woche.

Die Prozedur ist deshalb so einfach, weil die Bastfasern der ausgewachsenen Brennesseln überaus zäh sind. Früher hat man sie sogar zu Garn versponnen und daraus »Nessel«tuch gewebt. Als zu Beginn des 19. Jahrhunderts immer mehr Baumwolle verarbeitet wurde, übertrug man die Bezeichnung »Nessel« auf das Baumwolltuch, so daß man heute noch sachverständige Textilleute treffen kann, die steif und fest behaupten, »Nessel« habe mit der Brennessel rein gar nichts zu tun. Dabei gab es immer wieder Bemühungen (zuletzt während der Notzeit des Ersten Weltkrieges), die Brennessel als heimische Faserpflanze wieder nutzbar zu machen. Um 1915 waren in Deutschland drei staatlich geförderte Nesselfaser-Gesellschaften damit befaßt, das Sammeln wildwachsender Brennesseln zu organisieren und den

Große Brennessel

Brennessel-Anbau zu fördern. Vierzehn Mark bekam man damals für den Doppelzentner getrockneter Brennesselstengel, und mehr als dreißig Verfahren zur Fasergewinnung wurden patentiert.

Wir könnten ja einmal – mit den Kindern zusammen – versuchen, durch Walken und Kämmen aus den trockenen Stengeln ein Büschel Bastfasern zu gewinnen. Daraus wäre zumindest zu lernen, wie mühsam die Erzeugung von Pflanzenfasern ist, – und vielleicht entsteht dabei sogar etwas Bindegarn für den Garten.

Wenn im Juni die Zaunrübe blüht, gibt es abends ein ganz unauffälliges, aber sehr rührendes Schauspiel: Insekten mehrerer Arten (die ich aber noch nicht bestimmen konnte), lassen sich zur nächtlichen Ruhe in den Blüten nieder und liegen darin wie Juwelen in einer Fassung, regungslos, die letzten Sonnenstrahlen reflektierend.

Das schöne Bild der eingeschmiegten Insekten ist aber bei weitem nicht alles, was es bei der Zaunrübe zu bestaunen gibt. Geradezu monströs ist die von Jahr zu Jahr an Umfang zunehmende

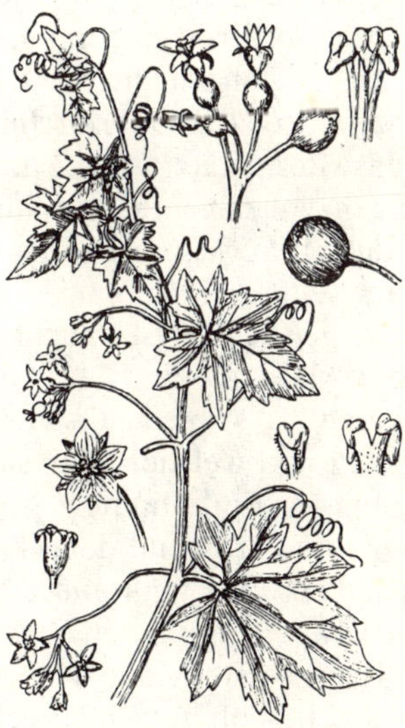

Schwarzfrüchtige Zaunrübe

rübenförmige Wurzel. Irgendwo habe ich einmal gelesen, es habe jemand eine Schubkarre gebraucht, um eine solche Rübe abzutransportieren.

In der Volksmedizin hat die Wurzel der Rotfrüchtigen Zaunrübe *(Bryonia dioica)* und die der verwandten, aber selteneren Schwarzfrüchtigen Zaunrübe *(B. alba)* früher eine große Rolle gespielt, vor allem als Ersatz für die teuren und schwer zu beschaffenden Alraunwurzeln. Übrigens sind alle Teile der Pflanze sehr giftig.

Es gehört zu den gärtnerischen Grundweisheiten: daß man immer zweimal hinsehen muß; wenn man beim zweiten Mal nicht etwas entdeckt, was man beim ersten Mal übersehen hat, dann hat man immer noch nicht richtig hingesehen. Auf den zweiten Blick bemerkt man, daß die Rübe der *Bryonia* im unteren Teil Nebenwurzeln hat wie eine richtige Wurzel, im oberen Teil aber runzelige Querfurchen.

Tatsächlich sind an der Bildung der Rübe zwei verschiedene Teile des Pflanzenkörpers beteiligt: unten die Wurzel, oben das Hypokotyl, der Sproßabschnitt zwischen Wurzel und Keimblättern. Die Furchung des oberen Teils rührt daher, daß der dem Hypokotyl entstammende Abschnitt der Rübe sich im Herbst zusammenzieht, um die neu gebildeten Triebknospen bis zum nächsten Frühjahr unter der Erde zu bergen. An einer ausgegrabenen Rübe kann man demnach ungefähr das Alter ablesen, indem man die »Jahresringe« der Querfurchung zählt.

Eine weitere Sehenswürdigkeit an der Zaunrübe sind die Ranken. Ihre Bewegungen vollziehen sich minutenschnell, so daß man nur wenig Geduld braucht, um sie zu verfolgen – ein im Pflanzenreich ziemlich seltenes Phänomen.

Wenn die Ranke ausgewachsen ist, macht sie kreisende Suchbewegungen, und sobald sie auf ein festes Hindernis stößt, etwa auf einen Zweig, beginnt sie sich einzukrümmen – übrigens stets nach innen, ganz gleich, mit welcher Seite sie das Hindernis berührt hat. Der Vorgang des Einkrümmens ist, genau genommen, keine Bewegung, sondern beruht auf dem sehr schnellen Wachstum der äußeren Rankenseite. Während das Rankenende sich derart in mehreren Windungen um den Zweig legt, wickelt sich der untere Teil der Ranke spiralig auf, wobei notwendigerweise ein Umkehrpunkt entsteht – oft auch mehrere Spiralen mit mehreren Umkehrpunkten. Jetzt ist der Sproß der Zaunrübe federnd festgezurrt, selbst der stärkste Wind vermag ihn nicht mehr abzureißen.

Die Berührungsempfindlichkeit der Zaunrüben-Ranke ist erstaunlich. Man kann mit feinsten Fasern oder Haaren die Probe aufs Exempel machen, indem man ein winziges Stück davon in der Mitte biegt und auf eine Ranke hängt. Noch auf den allerleisesten Druck wird sie mit der Einkrümmung antworten. Merkwürdigerweise vermag sie aber zwischen festen Körpern und Flüssigkeiten zu unterscheiden; auf einen Wassertropfen reagiert sie nicht, läßt sich also vom Regen nicht täuschen.

Lange Zeit haben die Botaniker sich gestritten, ob die Ranke entwicklungsgeschichtlich gesehen als Sproßteil oder als umgewandeltes Blatt aufzufassen sei. Inzwischen hat diese Frage eine salomonische Lösung gefunden: Ähnlich der Wurzel ist auch die Ranke zweigeteilt. Das obere Ende, das sich suchend bewegt und dann festhaftet, entspricht dem Blatt, während der untere Teil, der sich aufwickelt, zum Sproß gezählt werden muß.

Das Staunen und Fragen nimmt kein Ende bei der Zaunrübe. Die Rotfrüchtige Zaunrübe ist (im Gegensatz zur Schwarzfrüchtigen) zweihäusig, jede Pflanze trägt also entweder nur männliche oder nur weibliche Blüten – jetzt im Juni erscheinen die ersten. Die weiblichen Blüten sind klein, die männlichen groß, und auch die Blätter der weiblichen und männlichen Pflanzen sind unterschiedlich von Gestalt: tiefer gelappt die weiblichen. Von den Evolutionsbiologen, die immer so genau über Zweck und Nutzen Bescheid wissen, möchte ich gern einmal erfahren, welchen Vorteil es hat, daß die Blüten (von den Blättern gar nicht zu reden) so verschieden sind. Die Bestäubung schiene mir besser gesichert zu sein, wenn die Blüten gleich groß wären – denn viele Insekten neigen dazu, gleichartige Blüten nacheinander zu besuchen, was im Falle der Rotfrüchtigen Zaunrübe die Chance der Bestäubung vermindern würde. Andererseits: Wenn dieser »Geschlechtsdimorphismus« keinen Zweck und keinen Vorteil hätte, wie konnte er sich dann überhaupt bei der evolutionären Selektion durchsetzen?

Immer noch kein Ende des Staunens: Die Wurzelrübe der *Bryonia* ist, auf eine gewisse Weise, das Gegenstück zur riesigen Frucht des Garten-Kürbis (dessen Wildform freilich nicht größer ist als ein Apfel). Die Zaunrüben sind nämlich Kürbisgewächse *(Cucurbitaceae)*, aber während fast alle anderen Mitglieder dieser Familie zumindest die Anlage zur Ausbildung sehr großer Früchte haben, trägt die Zaunrübe nur kleine Beeren; dafür aber verwirklicht sie das Prinzip des Monströsen auf ihre Weise, unter der Erde, in der Wurzel, die so ins Unermeßliche weiter und weiter wächst wie beim Garten-Kürbis die Frucht: Eine verborgene »Ähnlichkeit«, die im strengen Sinne keine Ähnlichkeit, sondern eine Entsprechung ist – und eben darum um so erstaunlicher; denn die Gemeinsamkeit der Familienmitglieder besteht eben nicht in einem bestimmten »Merkmal«, sondern in einem eher unbestimmten Gestaltprinzip, das sich an ganz unterschiedlichen Teilen der Pflanze ausprägt. Entsprechungen dieser Art gibt es in vielen Pflanzenfamilien. Wenn man sie auffindet, kann man damit keine Warum-Fragen beantworten (höchstens neue stellen, die aber nicht viel weiter führen), – aber die Suche danach ist ein Teil jenes einfühlenden Denkens, das genauso zu den Obliegenheiten des Gärtners gehört wie das einfühlende Handeln.

Wem mag es, vor tausend oder zweitausend Jahren, eingefallen sein, den Kopfsalat heranzuzüchten? Es muß ein ordnungsliebender Mensch mit Sinn fürs Abgerundete und Endgültige gewesen sein, und wahrscheinlich hatte er eine Frau und zwei Kinder; denn ein Kopfsalat reicht knapp für vier Personen, für drei ist er zu groß und für fünf zu klein, und wenn man die Reste aufbewahrt, welken sie schnell dahin. Will sagen:

Der Kopfsalat ist ein sehr unpraktisches Gemüse, auch darin, daß die Köpfe immer zur gleichen Zeit erntereif werden. Entweder hat man *noch* keinen Salat, oder man hat keinen Salat *mehr*, und dazwischen gibt es eine kurze Spanne, in der man nicht weiß, wohin mit den Köpfen. Im Juni bekommt man sie nachgeworfen, im Juli ist alles vorbei und etwa noch stehengebliebene Köpfe beginnen zu »schießen«.

Ich weiß, man kann Folgesaaten ausbringen und damit für eine gewisse Kontinuität in der Salatproduktion sorgen. Aber unvergleichlich viel leichter, fast ohne Zuwendung, wie sie der Kopfsalat von uns erwartet, läßt sich unser Salatbedarf doch decken, wenn wir es nicht auf die Erzeugung fester Köpfe anlegen, sondern uns mit schlichtem Pflücksalat zufriedengeben.

Aber was heißt »zufriedengeben«? Der Pflücksalat verwöhnt uns, während der Kopfsalat verlangt, daß wir ihn verwöhnen.

Säen wir den Pflücksalat reichlich aus, dann können wir die jungen Blätter schon ernten, wenn die Pflanzen gerade handhoch sind. Später dürfen wir wählen zwischen zarten jungen Blättern und großen festen mit knackigen Rippen. Vor allem aber: Es steht uns frei, ob wir nur eine Single-Portion pflücken oder den Bedarf für zwei, drei oder zehn Esser. Der Pflücksalat steht uns jederzeit zur Verfügung und in beliebig kleinen oder großen Mengen, und immer wachsen neue Blätter nach.

Über den Geschmack will ich nicht streiten. Mir jedenfalls schmeckt der Pflücksalat besser, er hat Charakter: würzige Strenge und eine leichte Bitterkeit.

Nachsaat im Sommer ist möglich und nötig, doch gibt der Pflücksalat, anders als der Kopfsalat, auch im blühenden Zustand noch etwas her. Wenn er schießt, ist er uns noch nicht verloren.

Die Blütenstände der Salate sind groß, aber nicht besonders eindrucksvoll, die Blüten selber unscheinbar wie die Blüten von Spinat, Feldsalat und manchen anderen Gemüsen. Doch gibt es auch schöne und bemerkenswerte Gemüseblüten, und wir sollten hie und da zulassen, daß eine Nutzpflanze auch diesen Teil ihres Lebens absolviere.

Die Blüten des Rhabarbers zum Beispiel stehen in dem Ruf, der Staude Kräfte zu rauben – aber selbst wenn dies zutrifft, bleibt es ein geringer Preis für den Anblick der mächtigen, cremefarbenen Blütenstände, die hoch aufragen und so aussehen wie Schneebesen, an denen steifer Grießbrei hängengeblieben ist.

Goldgelb oder schwefelgelb sind die Blüten der verschiedenen Kohlarten, und fast elegant zu nennen ist der Kontrast zwischen diesem Gelb und der bläulichgrünen Blattfarbe beim Broccoli, den wir im Knospenzustand essen, also vor dem Aufblühen ernten. Einmal wenigstens sollten wir ihm das Blühen erlauben. Auch die Artischocke wird als geschlossene Knospe gegessen, aber kaum jemand, der die Artischocken im eigenen Garten heranzieht (wozu man freilich viel Platz braucht), wird sich das Schauspiel der schweren violetten Blütenköpfe entgehen lassen wollen.

Wo wir auf Früchte warten, wie bei Erbsen, Bohnen und Tomaten, ergibt es sich von selbst, daß wir uns auch an den Blüten freuen. Aber bei anderen Gemüsepflanzen kommt es kaum je dazu. Wir müssen uns schon eigens entschließen, zum Beispiel den Radicchio ins nächste Jahr zu retten; wenn er dann blüht, zeigt er uns, wer er ist: eine Abwandlung der Gemeinen Wegwarte, mit den gleichen strahlendblauen Blütensternen, die am Vormittag aufgehen und am Spätnachmittag schon wieder weggewelkt sind. Herrlich die kugeligen Blütenstände aller Zwiebelarten (beim Knoblauch nur aus sterilen Blüten und Brutzwiebeln bestehend), und hinreißend die Blütendolden des Pastinak, einer alten Heil- und Gemüsepflanze, die neuerdings wieder Liebhaber gewinnt, und mit Recht: Das von innen heraus leuchtende grünliche Gelb der Blüten könnte allein schon Grund genug sein, die frostharte »Moorwurzel« in den Garten zu holen.

Die Garten-Melde ist ein ziemlich vergessenes Gemüse, dem Spinat ähnlich, aber weniger problematisch in der Kultur und vor allem noch über die Blütezeit hinaus ertragbringend; selbst die großen »alten« Blätter sind noch zart und schmackhaft. Die Blütenstände der Garten-Melde machen nicht viel her – aber um so auffallender sind dann die Fruchtstände mit der Unzahl kleiner runder »Taschen«, in deren jeder ein Samenkorn steckt. Ich bin kein großer Liebhaber von Trockensträußen, aber wenn man schon welche macht, dann sollte man nicht immer nur die gleichen Blüten und Früchte dafür nehmen, sondern nach Ungewöhnlichem Ausschau halten: Die Samenstände der Garten-Melde gehören dazu.

Nicht zu vergessen die Blüten der Nachtschattengewächse, unter denen sich ja zwei wichtige Gemüsepflanzen finden: die Kartoffel und die Tomate. (Auch der Stechapfel ist ein Nachtschattengewächs.) Ein blühendes Kartoffelfeld bietet einen heiteren Anblick, und geradezu lieblich ist die einzelne Blüte, wenn man sie aus der Nähe studiert.

Die schönsten Gemüseblüten aber sind für meinen Geschmack die der Kürbisgewächse (Gurken, Kürbisse, Zucchini). Sie haben – nicht von ungefähr – tropischen Charakter, sind nektarreich und schleimhaltig, und wenn wir mehr Blüten haben als wir Früchte brauchen, dann geben wir die Blüten als wohlschmekkende Zierde an den Salat. An den Kopfsalat oder an den Pflücksalat.

Juli

Ausschweifender Luxus ist entweder lächerlich oder ärgerlich oder beides, und wenn jemand für einen Spaten 150 Mark bezahlt statt fünfzehn, wird man ihn schlichtweg für verrückt halten. Wer kann so etwas überhaupt erfinden? – Die Engländer natürlich, leidenschaftliche Gartenfreunde mit Sinn fürs Exzentrische und für Kontinuität. Ein Spaten, so fanden sie, ist etwas fürs Leben und möglichst auch noch für danach. Die Erben des Gartens sollen das richtige Werkzeug vorfinden, also nicht den kommunen Spaten, den man dauernd reinigen muß, damit Blatt und Tülle nicht rosten, und der einen Holzstiel hat, welcher immer samstags nachmittags durchbricht, wenn die Geschäfte geschlossen sind.

Die Engländer erschufen den definitiven Spaten, den Spaten aller Spaten: Blatt und Tülle sind in einem Stück aus Stahl geschmiedet und rosten nie und nimmer; der Stiel ist aus absolut bruchfestem Kunststoff und überlebt den Gärtner ganz gewiß; Stahl und Stiel sind so fest ineinandergefügt, daß der Spaten aus einem Guß zu sein scheint.

Und nicht nur der Spaten. Es gibt noch, was ja viel wichtiger ist, eine Grabegabel, sodann einen Rechen, eine Heckenschere, eine kleine Pflanzschaufel und eine dazu passende Unkrautharke. Es ist das Feinste vom Feinen, aber der Luxus ist nicht lächerlich, sondern überaus zweckmäßig: Man kann die Geräte draußen lassen, auch wenn es regnet, man kann mit dem Spaten Wurzelballen aushebeln, ohne daß er entzweigeht, und die Hand gleitet an den Stielen so sanft entlang wie die gutgeformte Grabegabel in den Boden eindringt. Ich will nicht sagen, daß diese Geräte unentbehrlich wären, aber ich denke doch, daß sich die Wohlbeschaffenheit des Werkzeugs auch auf die Art und Weise unserer Arbeit im Garten günstig auswirkt. (Importeur: siehe Anhang Seite 117)

Wie oft sind wir zu grob. Wir schleudern mit einer Handbewegung Welten durcheinander, wir verletzen und zerschneiden, wir vernichten in einer Sekunde, was sich in Wochen aufgebaut und zusammengefunden hat. Drei Ziegelsteine, achtlos aufeinandergeworfen – daran haften schon unsichtbar die ersten Moos-Sporen, darunter wohnt ein Laufkäfer, im Winkel hängt ein Spinnenkokon. Wenigstens den Kokon sollten wir retten, wenn wir die Steine wegräumen, und vielleicht in ein mit Tüll zugebundenes Einmachglas umsiedeln. Dann können wir zusehen, wie eines Tages Dutzende von punktgroßen Jungspinnen ausschlüpfen. Da man ihre Beine nicht erkennt, sieht es so aus, als ob die Punkte aus dem Kokon herausquöllen und nach allen Seiten auseinanderflössen. Klopft man leise an das Glas, dann fließt die kleine Herde ganz schnell wieder zum Kokon zurück. Am besten legen wir das Glas dann irgendwo in die Wiese; die kleinen Spinnen werden sich ihren Weg suchen und ihre minimale Nahrung, und wahrscheinlich werden nur wenige von den Dutzenden übrigbleiben.

Geschehnisse wie diese lassen sich kaum beobachten, ohne daß man so behutsam wie möglich in den Schaukasten eines Einmachglases oder eines kleinen Aquariums verlegt, was sonst unbemerkt draußen vor sich geht – vor allem Geburten und Verwandlungen.

Zum Beispiel können wir den Schneckeneiern, die wir oft als Ansammlungen weißer Kügelchen im Boden finden, mitsamt der Erde im Einmachglas Quartier geben; wenn wir dafür sorgen, daß die Erde nicht trocken wird, können wir nach einiger Zeit sehen, wie die winzigen Schnecken aus der Eihülle kriechen. Die weiße Farbe der Hüllen rührt übrigens von eingelagerten Kalkkristallen her – unter dem Mikroskop sind sie gut zu erkennen. Die Trübung der Hülle durch die Kristalle verwehrt uns freilich den Blick auf die Entwicklung der Schnecken, anders als bei den Wasserschnecken mit ihrem klar durchsichtigen Laich: Hier sehen wir, wie die kleinen Gehäuse von Tag zu Tag größer und deutlicher werden, ähnlich einem fotografischen Bild, das im Entwickler langsam aus dem Nichts hervortritt.

Im Boden oder an Halmen und Zweigen angeheftet finden wir die wohlverpackten Puppen von Schmetterlingen und anderen Insekten. Im Einmachglas reifen sie heran, sprengen eines Tages die Puppenhülle, dehnen und strecken sich und dürfen dann in die Freiheit. Wenn wir Glück und Geduld haben, werden wir Augenzeugen der Neugeburt aus der Puppe.

Die Gläser auf der Fensterbank sind kleine Ausschnitte aus dem Leben, das den Garten bis zum allerletzten Winkel erfüllt.

Gemeines Springkraut

Mit jedem Schritt und jedem Schnitt, mit dem Ausreißen einer welken Pflanze und dem Abschuffeln eines Weges, mit jedem Loch, das wir graben und mit jedem Loch, das wir auffüllen, bauen wir, meist grob und blind, ein Stück dieser Lebensbühne um. Wenn wir schon nicht wirklich merken, was wir tun, sollten wir es wenigstens am Exempel bemerkbar machen. Die Fähigkeit, etwas wahrzunehmen, beruht ja oft darauf, daß man das Wahrgenommene als etwas zuvor schon einmal Gesehenes wiedererkennt. So ist jede genaue Beobachtung, wie die des abgesonderten Lebens im Einmachglas, eine Vorübung für das Wahrnehmen draußen.

Manchmal wird die Wahrnehmung auch dadurch angeregt, daß etwas völlig anders ist, als man es erwartet hat. Fast ein Schreck durchfuhr mich, als ich mitten in einer Gruppe des Drüsigen Springkrauts *(Impatiens glandulifera)* eine Pflanze bemerkte, die verblüffend anders aussah und von der ich sofort »wußte«: Es gibt sie eigentlich gar nicht.

Auf den zweiten Blick wurde klar: Es handelte sich um eine Mutation des Drüsigen Springkrauts, aber nicht einfach um eine die Grundform variierende Abwandlung, sondern um ein höchst merkwürdiges Wesen ganz eigener Art.

Die Blütenstände des Drüsigen Springkrauts sind sehr lockere

Trauben, die Blüten selber exotisch anmutende Gebilde. Ein großer, hinten gespornter »Rachen« umschließt die Blütenkrone; das Blatt, das den Rachen bildet, ist zwar purpurviolett gefärbt wie die Kronblätter, ist aber ein Kelchblatt, ebenso wie die beiden Blättchen am Ansatz des Blütenstiels; der Stiel ist dünn, die Blüte daran pendelnd aufgehängt.

Völlig anders bei diesem einen, ganz aus der Art geschlagenen Exemplar. Der lockere Blütenstand war zusammengezogen zu einer (für ganz andere Pflanzenarten charakteristischen) Trugdolde und diese dicht besetzt – nun nicht mit Blüten, sondern mit einer Unmenge sehr kleiner, zipfelig gespaltener grüner Blättchen, die so aussahen, als ob sie verzweifelt versuchten, mit ihren Zipfeln so etwas wie eine notdürftige Blüte vorzutäuschen und ihr Unvermögen durch eine um so größere Anzahl von Attrappen wettzumachen. Weder die Zipfelblättchen noch die Trugdolden gehören zum Bauplan des Drüsigen Springkrauts; sie sind völlig »neue« Bauelemente. Ganz rätselhaft, wie und wo sie im genetischen Bestand überhaupt als Matrize aufbewahrt sein konnten und wie dann diese, eine einzige Pflanze, den artfremden Entwurf zu verwirklichen vermochte. Das ist mehr als ein schlichter genetischer Irrtum: Wenn eine Pflanze, deren normale Blütenbildung offenbar blockiert ist, das Äußerste unternimmt, um mit dem artfremden Mittel der Trugdolde und dem ganz neuartigen Mittel der Zipfelblätter einen zwar unnützen, aber doch auf den ersten Blick täuschenden Blütenstand zu erzeugen, dann muß es neben oder über dem »Programm« für die arteigenen Blüten auch noch einen unspezifischen genetischen Befehl für »Blütenstand« geben, und dazu die Möglichkeit, diesen Befehl mit gleichsam »erfundenen« Ersatzelementen zu erfüllen. Die Rätselhaftigkeit dieses Vorgangs wird am ehesten deutlich, wenn wir uns in die Pflanze hineinversetzen und die »Anstrengung« nachzuvollziehen suchen, mit der hier das Blühen simuliert wird, – oder wenn wir das Beispiel auf einen Vogel übertragen: Die Schnabelbildung ist blockiert, die dafür zuständigen einzelnen Gene funktionieren nicht, aber dafür wird der allgemeine Befehl »Schnabel« mit Hilfe von Schuppen oder anderen artfremden Merkmalen attrappenhaft ausgeführt. Da ahnen wir, daß wir mit unserem genetischen Wissen erst einen Zipfel der Wahrheit über die Gestaltbildung in der Hand halten.

Das Drüsige Springkraut stammt aus dem Himalaya, wurde

schon vor Jahrhunderten als Zierpflanze eingeführt, ist vielfach ausgewildert und mancherorts eingebürgert, vor allem in Flußauen, wo es die ihm zuträgliche Feuchtigkeit vorfindet. Im Garten erhält es sich durch Selbstaussaat auf eine immer wieder verblüffende Weise: Man braucht an den lose baumelnden Samenkapseln nur leise vorbeizustreifen – schon springen sie mit einem kleinen Knall auf, rollen sich spiralig ein und schleudern dabei die Samen fort, viele Meter weit. Die einzige einheimische Springkraut-Art, *Impatiens noli-tangere,* heißt deshalb auch zu deutsch »Rührmichnichtan«.

Gern wüßte ich, ob irgendwo irgendeine *Impatiens*-Art jemals die gleiche oder eine ähnliche Mutation hervorgebracht hat wie die von mir beobachtete – und gern hätte ich dann ein Foto davon.

Beim Garten-Kerbel *(Anthriscus cerefolium)* reifen jetzt die dunkelbraunen Früchte, rieseln zu Boden und lassen bald ganze Kolonien von Sämlingen entstehen. Unablässig kann man frischen Kerbel ernten (getrocknet verliert er allen Geschmack). Die letz-

Kerbel

ten Sämlinge kommen nicht mehr in diesem Jahr, sondern erst im nächsten zur Blüte – aber sie sind vollkommen winterhart. Am 15. Februar, nach Wochen strengen Frostes, taute die Mittagssonne zum ersten Mal an der Südwand des Hauses etwas Schnee weg, – und zum Vorschein kamen kräftige Kerbel-Rosetten, die so aussahen, als hätten sie sich richtig erholt und ihr mooskrauses Blattwerk unterm Schnee gekräftigt. Eine Handvoll Kerbel war das erste frische Grün, das wir nach diesem bitteren Winter in die Küche holten. Dabei stammt der Garten-Kerbel aus milderen mediterranen Gegenden.

Ich singe das Lob des Kerbels besonders laut, weil ich ihn allzulange vernachlässigt habe. Den einjährigen Würzkräutern habe ich immer die ausdauernden vorgezogen, die man einfach wachsen lassen darf, bis man sie braucht. Erst spät kam ich dahinter, daß der einjährige Kerbel für sein Ausdauern selber sorgt, wenn man ihm einen festen Platz zuweist, an dem er sich immer wieder versamen kann.

Sät man ihn im Frühjahr aus, dann kommt er sehr schnell zur Blüte – aber nur, wenn er trocken steht. Versorgt man ihn reichlich mit Wasser, dann läßt er sich Zeit mit dem Blühen und treibt um so dichteres Blattwerk, von dem man dann lange ernten kann.

Wer einmal Kerbelsuppe gegessen hat, wird den würzig-süßlichen Geschmack, der von ferne an Fenchel oder gar Anis erinnert, immer wieder schmecken wollen – in Kräuterbutter, Salatsaucen oder in der berühmten »Grünen Sauce«, zu der er unbedingt gehört.

Minzen haben lange Beine und sind immer schon ein Stück weiter als da, wo man sie erwartet und wo man sie haben möchte. Also gilt es Nachsicht zu üben mit ihrem Wandertrieb und Vorsicht, damit sie nicht in Gegenden des Gartens vorstoßen, wo sie die anderen Einwohner behelligen oder gar unterdrücken.

Hält man die Minzen in Töpfen gefangen, dann sind sie schnell beleidigt über die Zumutung, und wenn man die Töpfe im Winter nicht tief in die Erde versenkt und durch Reisig schützt, dann frieren sie einfach weg.

Wer den Minzen verfallen ist, muß ihnen also einige Fürsorge widmen – oder sein Garten muß so groß sein, daß es nichts ausmacht, wenn in mehreren Winkeln die mehreren Minzen ihr ausgedehntes Wesen treiben. Ein Quadratmeter ist wirklich das mindeste, was man einer Minze zugestehen muß.

Da es viele verschiedene Arten und Bastarde und Sorten gibt, braucht man viele Quadratmeter. Das größte Minzen-Sortiment hat die Gärtnerei Bornträger in Offstein, und selbst wenn man nur Platz für eine einzige Minze hat, sollte man sich von dort alle neune kommen lassen, sie auspflanzen und dann im Laufe eines Sommers selber entscheiden, auf welche man zu verzichten bereit ist, nachdem man von jeder einen Tee gekocht und ein Minzen-Rührei bereitet hat. Was das Rührei angeht, so schätze ich am meisten die Echte Pfefferminze *(Mentha piperita)*. Sie schmeckt kräftig und frisch, ohne daß man gleich an Kaugummi oder Zahnpasta denken muß, und ist im familiengeschichtlichen Sinne gar nicht so »echt«, sondern eher unschicklich: Sie ist ein »Tripelbastard«, das heißt, einer ihrer Eltern ist selbst schon einer Vermischung entsprungen. Die Echte Pfefferminze ist eine Kreuzung aus der Wasser-Minze *(M. aquatica)* mit der Ähren-Minze *(M. spicata)* und hält genau die Mitte zwischen dem dunkleren Duft der Wasser-Minze und dem süßlich-hellen der Ähren-Minze. Die Ähren-Minze ihrerseits ist eine Kreuzung aus der etwas grobschlächtigen Roß-Minze *(M. longifolia)* und der Rundblättrigen Minze *(M. rotundifolia)*, die im Handel auch Apfelminze heißt, weil sie nämlich tatsächlich nach Äpfeln duftet; eine Varietät davon heißt Ananasminze – aber so würzig und fruchtig ihr Duft auch ist, von Ananas kann eigentlich keine Rede sein.

Das Absonderliche verliert an Reiz, wenn es alltäglich wird. So mag ich die Apfelminze nur zwischendurch zur Abwechslung und rate davon ab, sie als einzige Minze im Garten zu kultivieren – dafür empfiehlt sich eher die Echte Pfefferminze oder die Ähren-Minze.

Nur mit einem Seitenblick streifen wir die Acker-Minze *(M. arvensis)*, die eher dumpf und nicht sehr angenehm riecht, die Polei-Minze *(M. pulegium)*, mit der man früher Flöhe zu vertreiben suchte und die eher als Bodendecker denn als Teekraut brauchbar ist, und die Muskatminze, eine Züchtung nicht ganz eindeutiger Herkunft, die ziemlich langweilig schmeckt, aber den Liebhaber gelb-grün panaschierter Blätter erfreuen mag.

Bemerkenswert hingegen ist die Orangenminze, die oft als *Mentha citrata* angeboten wird, wahrscheinlich aber eine Unterart der Wasser-Minze ist. Sie hat rötlich-grüne Blätter und einen Duft, dessen Minzenstrenge durch Orangensüße gebrochen und verwandelt erscheint – Pfefferminztee mit Parfüm, nicht jedermanns Sache, aber für jeden Besucher des Gartens eine Überraschung.

Schließlich: die Krauseminze, die es eigentlich nur im Plural gibt: Mehrere Minzenarten bilden Variationen mit kraus gewellten, etwas zerschlitzten Blättern, und es bedürfte subtiler Nachforschungen, um im Einzelfall zu ermitteln, welche krause Minze man da vor sich hat. Wichtiger als der Name ist, nicht nur bei den Krauseminzen, daß man seine Minze oder seine Minzen gefunden hat, mit Umsicht kultiviert (wozu ein mäßig feuchter Boden gehört) – und dann auch wirklich verwendet: Nicht nur, wie üblich, für den magenstärkenden und gallefreundlichen Pfefferminztee, den man sowohl aus frischen als auch aus getrockneten Blättern bereiten kann, sondern vor allem in der Küche. Daß viel Minze zum Lammfleisch gehört, weiß man. Aber weiß man auch, daß Käse, Vanilleeis, Fisch, Tomatensauce, Obstsalat, Erbsen, Kartoffeln und zahllose andere Speisen durch Minzenblätter sehr gewinnen und daß der Gast, dem wir eine unmerklich mit Minze überhauchte Suppe bieten, in ergebnisloses Grübeln verfällt bei der Frage, was in aller Welt denn das Besondere an dieser Suppe sein könnte? Man weiß es offenbar nicht, denn sonst wäre das Minzenbüschel in der Küche nicht die Ausnahme, sondern die Regel.

Wenn man Minzen im Garten hat, braucht man auch im Winter auf frische Blätter nicht zu verzichten: Ein paar Wurzelenden, bleistiftlang, ausgegraben und in einen nicht zu kleinen Blumentopf mit guter Gartenerde versenkt, feuchtgehalten und wohltemperiert, lassen alsbald junge Triebe aufschießen, kaum weniger aromatisch als die sommerlichen Triebe im Garten.

Nur in einem Punkt sollte der Freund der Minzen Enthaltsamkeit üben: Er sollte eine Zahnpasta ohne Pfefferminzgeschmack benutzen. Man will ja, wenn man sich zu Tisch setzt, nicht durch Badezimmer-Assoziationen genarrt werden.

August

Länger als eine Woche kann der Gärtner im Sommer nicht Urlaub machen, sonst versäumt er zuviel: die Phlox-Blüte, die eine Wolke von Wohlgeruch über den Garten legt; die Samenreife von *Acanthus longifolius,* einer würdevoll-heiteren Pflanze vom Balkan, deren Fruchtkapseln in der Sonne mit dem lautesten Knall platzen, den eine Gartenpflanze überhaupt zu erzeugen imstande ist; die Blüte der Krebsschere *(Stratiotes aloides),* deren Blattrosetten sich erst um diese Zeit vom Tümpelgrund heben und ihre stacheligen Spitzen aus dem Wasser ragen lassen. Der verreiste Gärtner versäumt all dies und manches andere – und vor allem verpaßt er das unerläßliche Gießen. Da siecht dann, während er sich an fremden Stränden sonnt, manches dahin. Die Tomaten sind nicht mehr zu retten, und der Baldrian hat sich, für dieses Jahr, beleidigt zurückgezogen – er sollte einen Schattenplatz bekommen, wo sich die Bodenfeuchtigkeit länger hält.

Gepriesen seien die Xerophyten, zu deutsch: die Trockenpflanzen, die über lange Zeit fast oder ganz ohne Wasserzufuhr am Leben bleiben. Manche holen sich das Wasser aus vielen Metern Tiefe, andere setzen mit Hilfe der unterschiedlichsten Tricks ihre Verdunstungsrate herab, und eine dritte Gruppe, die der Sukkulenten, verfügt über die Fähigkeit, Wasser zu speichern und in Trockenzeiten vom eigenen Saft zu zehren. Dazu gehört die Gattung *Sempervivum.* Der Gärtner, der aus dem Urlaub kommt, sollte nicht seine Tomaten beweinen, sondern seine Semperviven bewundern.

In Mauerfugen und am Geröllhang, zwischen Steinplatten und sogar in Töpfen, deren Erdreich völlig ausgedörrt ist, haben sie die trockene Hitze überdauert und um sich herum an Ausläufern Tochterrosetten erzeugt, – was für ihre Erhaltung notwendig ist, denn wenn eine Rosette geblüht hat, stirbt sie, und die Fortpflanzung durch Samen glückt nur unter besonders günstigen Umständen.

Früher gab es *Sempervivum*-Polster auf vielen Dächern und Mauerkronen. Daher kommt der deutsche Name »Hauswurz« und (für die Art *Sempervivum tectorum)* »Dachwurz«. Auch gibt es Namen wie »Donnerwurz« oder »Gewitterkraut«, weil man sich davon Schutz vor Blitzschlag und Feuer versprach; weshalb schon Karl der Große den Pächtern der kaiserlichen Güter befahl, *Sempervivum* auf den Dächern anzupflanzen. Auch sonst schrieb man der Hauswurz allerlei Nützlichkeit zu: Kühlung und Heilung bei Verbrennungen und Ausschlägen, Linderung von Ohrenschmerzen und Zahnpein. Am hübschesten finde ich den Engadiner Brauch, mit einem der säuerlich-fleischigen Blättchen ein Glas Wasser zu verfeinern.

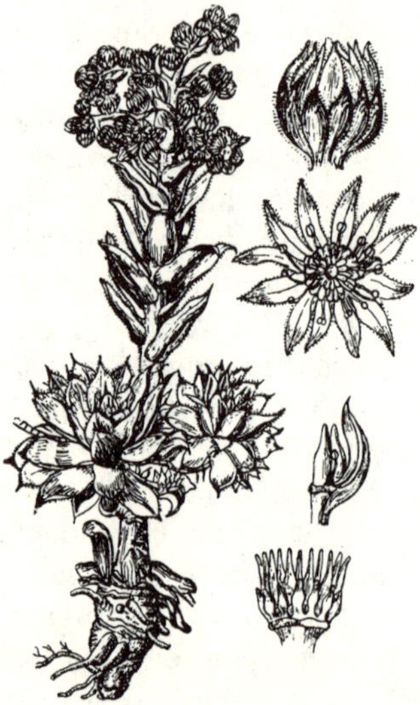

Dachwurz

Es gibt ein halbes Dutzend einheimische *Sempervivum*-Arten und mehrere Dutzend ausländische, vornehmlich vom Balkan. Alle sind Bewohner der Mittel- und Hochgebirge, anspruchslose Siedler auf Fels und Rohhumus. In den Sortimenten der Staudengärtnereien findet man echte Arten, aber auch Spielarten und Züchtungen. Letztere sind sehr zahlreich, und die Wirrnis der Namen ist groß. Nur leidenschaftliche Spezialisten plagen sich mit der korrekten Benennung – fast immer mit dem Ergebnis, daß sie nomenklatorische Fehlgriffe anderer Spezialisten aufdekken und selber ein paar neue in die Literatur einführen.

Ich freue mich an meiner Sammlung auch ohne solche Mühen. Die Vielfalt ist überwältigend: große, düster-rote Rosetten mit breiten, spateligen Blättern, – kleine Kugeln, dicht mit einer Decke aus weißen Spinnwebhaaren zugesponnen, – feste Köpfchen mit hellgrünen, an der Spitze aber dunkelfarbenen Blättern, – abgeplattete Bällchen mit graugrün-filzigen Blättern. Eine heute als eigene Gattung *(Jovibarba)* geführte Gruppe bildet keine Ausläufer, sondern gebiert zwischen den Blättern winzige Tochterrosetten.

Die Pracht der Blattfarben ist im Sommer am größten, aber winterhart und immergrün sind alle Arten, nur gehen die Farben der Blätter dann mehr ins Dunkle, Graugrüne. Selbst dann noch bleiben sie Kleinode, die sich als Teppich ausbreiten, wenn man sie läßt, oder als fruchtbar sich verdichtende Polster die Steinfugen überwölben, – oder von einer Blumentopfpyramide überhängend weiterwachsen, bis die Ausläufer unter dem Gewicht der Nachkommen abbrechen. Der Blütenstand der Semperviven ist eine bogig verzweigte Trugdolde, die Blüten strahlen sanft in meist rötlichen Tönen; ihre Kronblätter sind sternförmig spitz. Die Blütenschönheit wird erst ganz aus der Nähe sichtbar – und es sind auch weniger die Blüten, als vielmehr die Blattrosetten, derentwegen man die Hauswurz-Arten hegt und jede neue Form als Bereicherung der Sammlung freudig begrüßt.

Treppenstufen, Mauern, Gehwegkanten, Fugen zwischen Trittplatten – es gibt viele Stellen, an denen selbst der Naturverständige nicht alles und jedes wachsen lassen möchte, was sich da breitmacht. Das sind die angestammten Plätze der Semperviven, und wenn sie dort angesiedelt werden, braucht man nie mehr zu jäten. Garten und Haus könnten Hunderte von Hauswurz-Rosetten beherbergen, ohne daß eine einzige andere Pflanze dafür weichen müßte. Zur Blütezeit finden sich Hummeln ein, und unter den Rosettenpolstern lebt vieles im Mulm – da entsteht ein eigener »Biotop«, ein gut geschütztes Dickicht aus Wurzelwerk und abgestorbenen Blättern.

Mein Prinzip, hier nur Erprobtes und Bewährtes mitzuteilen, möchte ich, wieder einmal, durchbrechen, um meine Leser einzuladen, an einer Erprobung teilzunehmen. Ich möchte wissen, ob das stimmt, was ich in einem fünfzehn Jahre alten Buch über die – durch Wasserschnecken übertragene Krankheit – Bilharziose gelesen habe, daß nämlich die Sträucher der Gattung *Phytolacca* wegen der darin enthaltenen Saponine für Schnecken giftig sind.

Eine *Phytolacca*-Art, die Asiatische Kermesbeere *(P. acinosa),* wird seit langem kultiviert und kommt gelegentlich auch verwildert vor – nicht von ungefähr vor allem in Weinbaugebieten, denn ihre roten Beeren wurden früher oft zum Färben von hellem Rotwein benutzt. Die Asiatische Kermesbeere gibt es in vielen Staudengärtnereien zu kaufen, allerdings meist unter dem unzutreffenden Namen der Amerikanischen Kermesbeere *(P. americana),* die sowohl im Handel als auch verwildert nur sehr selten zu finden ist. In der Volksmedizin galt die Wurzel der Kermesbeere als Brech- und Abführmittel, auch die Beeren können so wirken, allerdings erst in sehr großen Mengen. In Äthiopien, wo die getrockneten und gemahlenen Beeren als Waschpulver benutzt werden, beobachtete man, daß die Schnecken in den Flüssen, in denen die Frauen wuschen, abgetötet wurden. Wahrscheinlich greifen die Saponine die Schleimhülle der Schnecken an und bewirken damit zugleich eine – tödliche – Überproduktion von Schleim. Auch auf Landschnecken sollen die Saponine tödlich wirken.

Wir müßten also die Beeren sammeln, trocknen, mahlen, mit Wasser aufgießen und diese Lösung auf die von Schnecken befallenen oder gefährdeten Beete sprühen. Wieviel Beeren auf wieviel Wasser man nehmen muß und ob die Brühe für längere Zeit wirkt – das alles wäre auszuprobieren. Wer das im nächsten Jahr tun will, sollte möglichst schon in diesem Herbst, spätestens im Frühjahr, eine oder mehrere Rübenwurzeln der Kermesbeere pflanzen. Es erhebt sich daraus ein ziemlich hoher Strauch mit eiförmig-lanzettlichen Blättern, der im August blüht und dann lange Trauben mit schwarzroten furchigen Beeren entwickelt. Im Herbst sterben die Triebe ab, doch überdauert die frostfeste Wurzel den Winter und treibt im nächsten Frühjahr aus vielen Seitenknospen wieder aus. Wenn der Beerenabsud wirklich zur Schneckenbekämpfung taugt, dann wird einer dieser an Umfang immer mehr zunehmenden Sträucher gewiß ausreichen, um den Bedarf für einen Garten zu liefern. Vorsicht ist allerdings geboten für Teichbesitzer – denn für Fische ist die Kermesbeere mit Sicherheit so unbekömmlich wie sie es für die Schnecken hoffentlich sein wird.

Sauerampfer

Ich weiß, es gilt als Sünde wider das ökologische Denken, wenn man von »Unkräutern« spricht. Aber alle Ermahnungen, man habe diese Wildpflanzen, auch wenn sie lästig würden, als »Bodenzeiger« zu ehren und möge sie gefälligst durch entsprechende Bodenpflege sanft vertreiben, klingen wie Hohn, wenn etwa der Krause Ampfer *(Rumex crispus)* einen Eroberungsfeldzug begonnen hat.

Bei uns war es die vor zwei Jahren neu angelegte Apfelwiese, auf der er und sein ebenso robuster Verwandter, der Stumpfblättrige Ampfer *(Rumex obtusifolius)* ausschwärmten. Die Wiese ist jetzt weithin keine Wiese mehr, sondern ein Ampferfeld. Natürlich zeigt der Ampfer etwas an: Nicht, wie man gelegentlich hören kann, daß der Boden sauer wäre, sondern daß er lehmig, nährstoffreich und verdichtet ist, auch ziemlich feucht. Für unsere Apfelwiese trifft das größtenteils zu – aber daß sie lehmig, nahrhaft und nicht zu trocken ist, sind Vorteile, die ich gar nicht missen möchte, weil sie nicht nur dem Ampfer, sondern eben auch den Äpfeln zugute kommen. Und was die Verdichtung angeht, so spielt sie offenbar eine geringere Rolle, denn gerade am nicht verdichteten, lose aufgeschütteten Hang triumphiert der Ampfer über alles, was sich da sonst noch anzusiedeln versucht hat. Das ist das Dilemma bei den bodenzeigenden »Unkräutern«: Just die Verhältnisse, die durch sie angezeigt werden, will man vielleicht gerade haben, und der Rat, sie zu ändern, damit die Unkräuter verschwinden, ist da nicht viel wert.

Zuerst habe ich versucht, den Ampfer auszustechen. Aber während ich mich vorwärtskämpfte, schoß er hinter mir schon wieder in die Höhe. Dann habe ich ihn mit der Sense gemäht. Aber während ich mich drinnen drei Tage von der ungewohnten Arbeit ausruhte, wuchsen draußen die spitz aufgerollten jungen Blätter unverdrossen in die Höhe und bohrten sich durch die schwarze Decke ihrer abgemähten, welken Vorgänger. Nun lasse ich ihn gewähren und hoffe auf irgendeine natürliche »Sukzession«, also darauf, daß die Wiese sich nach den Regeln der Pflanzensoziologie weiterentwickelt und der Ampfer verdrängt wird.

Hoffentlich nicht gerade von den Brennesseln, die sich in einer Ecke schon ziemlich breitgemacht haben und so aussehen, als seien sie auf Expansionskurs. In einer Gartenzeitschrift las ich kürzlich, als Antwort auf eine Leseranfrage, den Rat, die Brennnesseln keinesfalls auszureißen oder ihnen sonst ein Leids anzutun, sie seien Stickstoffzeiger, würden sowieso immer seltener und man solle sich freuen, wenn man noch welche habe. Ich finde

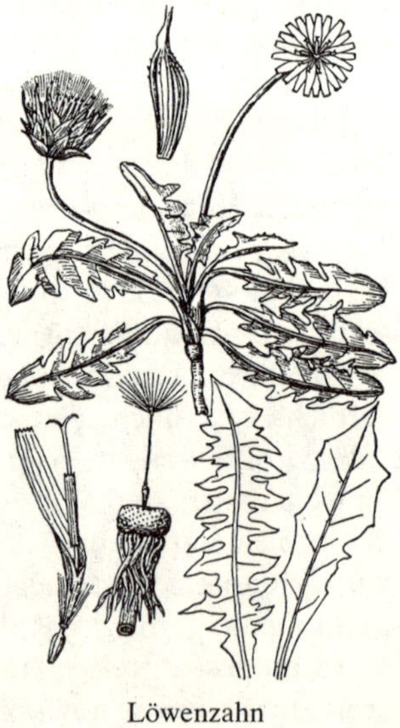

Löwenzahn

die Brennesseln auch sehr nützlich und sympathisch und bin durchaus gegen ihre Ausrottung – aber bevor man jemandem rät, sie liebevoll zu hegen, sollte man doch fragen, wo sie stehen und wieviele es sind: Auf unserer Schafweide hatten sie, bevor wir ihnen zu Leibe rückten, einen Wald gebildet – und mit jedem Jahr ihr Areal vergrößert. Ich bestehe darauf, daß es sich in solchen Fällen um »Unkraut« handelt, in einem durchaus verständigen, hausväterlichen Sinn.

Auch der Gemeine Löwenzahn *(Taraxacum officinale)*, eine Wiesenpflanze, kann ein Unkraut, ein Kraut am ganz falschen Platz sein, selbst streng ökologisch gesehen: In Steinfugen, in denen ganz andere Pflanzen wachsen sollen, hat er einfach nichts zu suchen. Freilich kann er sich mit seiner überaus kraftvollen Pfahlwurzel ganz schön darin verankern. Köpft man ihn, so wächst er freudig nach, als wäre nichts geschehen, und schon Tage reichen ihm, um mit Hilfe der neuen Blätter auch neue Kräfte in der Wurzel zu speichern.

Das brachte mich auf den Gedanken, es mit einer Löwenzahn-Dauerkultur zu versuchen und die unerschütterliche Lebenskraft der Pflanze auf folgende Weise zu nutzen:

Ich pflanzte sechs ausgewachsene Exemplare an einer sonnigen Stelle in frischen, nährstoffreichen Boden und ließ sie gut anwachsen. Dann schnitt ich bei zweien alle Blätter tief am Grund ab, stülpte zwei große Blumentöpfe darüber und verschloß deren Bodenloch mit einem Stein, so daß nicht der geringste Lichtstrahl die abgedeckten Pflanzen treffen konnte. Es dauerte nicht lange, bis sich unter dem Topf viele neue Blätter gebildet hatten – aber natürlich, wegen des Lichtmangels, gelblich-bleiche Blätter fast ohne Chlorophyll und (was der Zweck der Übung gewesen war) mit einem sehr viel geringeren Gehalt an Bitterstoffen.

Inzwischen hatte ich zwei weitere Pflanzen abgeschnitten und zugedeckt, während das dritte Paar noch grünte. Von dem gebleichten Löwenzahn wurden die Blätter geerntet und gegessen, und dann durfte er sich ausgiebig erholen, neue grüne Blätter bilden und neue Wurzelkraft sammeln. Die Töpfe gehen in angemessenen Zeitabständen reihum, und wenn man Platz hat, kann man diese Dauerkultur auch auf zehn oder zwanzig Pflanzen erweitern und um so öfter ernten.

Denen, die das Verfahren brutal finden, antworte ich, daß der Chicorée auf vergleichbare Weise entsteht und ferner, daß ich natürlich vorher und nachher die Löwenzahne in aller Form um Vergebung bitte. Letzteres hilft vielleicht den Löwenzahnen nicht wirklich, aber es hilft doch mir, dessen eingedenk zu bleiben, daß ich hier rigoros meine Menschenmacht ausspiele.

Dem Löwenzahn sehr ähnlich, auch eng mit ihm verwandt, aber erst später blühend, sind die Habichtskräuter *(Hieracium)*. Die Habichtskräuter blühen alle in den verschiedensten Gelb-Tönen, mit Ausnahme des Orangeroten Habichtskrauts, *Hieracium aurantiacum*. Dieses ist folglich recht einfach zu bestimmen, – aber dann wird es schwierig: Die Gattung *Hieracium* umfaßt nämlich mehr als dreißig Arten mit mehr als sechshundert Unterarten, und dazu kommen noch über tausend Bastarde und »Zwischenarten«, bei denen (oft wegen mehrfacher Bastardierung) auch der Spezialist nicht mehr zu ermitteln vermag, welche Arten sich hier vermischt haben.

Ich plädiere sonst gern dafür, daß auch der botanische Laie, wenn er sich denn mit Pflanzen und Naturschutz und Ökologie befaßt, ein wenig Mühe darauf verwendet, die Arten unterscheiden zu lernen und die Benutzung ordentlicher Bestimmungsbücher einzuüben. Bei den Habichtskräutern aber ist solche Mühe so gut wie umsonst. Was immer man herausbekommt: Es ist wahrscheinlich falsch.

Daß die Habichtskräuter sich so munter vermischen und verwandeln, während die allermeisten anderen Gattungen, daran gemessen, prüde in bezug auf Kreuzungen und höchst konservativ in bezug auf Abwandlungen sind, das ist ein merkwürdiges Phänomen und bliebe es selbst dann, wenn uns die Genetiker einen biochemischen Mechanismus als Ursache dafür nennen könnten. Eine solche, irgendwo in den Genen als molekulare Verschiedenheit liegende Ursache wäre ja nur als eine Art Kürzel zu lesen für etwas, was sich unseren Augen auch ohnedies als unübersehbare, keiner Begründung bedürftige Erscheinung darbietet: daß die Mitglieder einer ganzen Pflanzengattung, unermüdlich und gleichsam beiläufig, sich selber variieren und auf die verborgenste Weise denjenigen narren, der sie auf Artnamen festlegen will.

So sollte man, als Exempel, ein Habichtskraut im Garten haben, irgendeines, von einem Spaziergang mitgebracht – jetzt ist die Hauptblütezeit der meisten Habichtskräuter. Vielleicht fin-

Habichtskraut

den wir das hübsche und mit einiger Sicherheit zu identifizierende Kleine Habichtskraut, auch Mausohr genannt *(Hieracium pilosella)*, dessen Blattunterseiten graufilzig sind und das sich durch Ausläufer leicht verbreitet. Es gehört an den trockenen Wegrand oder auf eine kurz gehaltene, möglichst beweidete Magerwiese.

Spätestens im Laufe des August müssen wir die Herbstrüben aussäen. Merkwürdigerweise wird dieses köstliche Geschenk des ausgehenden Erntejahres selbst in den neuesten »biologischen« Gartenbüchern nicht erwähnt, die doch sonst manche ältere und eine Zeitlang zu Unrecht verachtete Pflanze wieder zu würdigen wissen.

Früher wurden die Herbstrüben (auch »Rübsen« oder »Winterrübsen«) als Viehfutter häufig angebaut, aber ähnlich wie die Saubohne sind sie eigentlich zu Höherem berufen: Sie sind saftig, dabei aber nicht fade, sie haben eine milde Schärfe mit einem Hauch von Bitterkeit, aber beides bleibt so sanft, daß auch Kinder sie mögen, sie sind knackig, aber nicht so hart, daß man sie raspeln müßte. Sollte ich sie mit etwas Bekanntem vergleichen, würde ich sagen: Es sind riesige, milde Radieschen.

Und was das Schönste ist: Wenn nicht der Kohlerdfloh sich

Herbstrübe

über die Sämlinge hergemacht hat, dann wachsen die Herbstrüben mit koboldhafter Geschwindigkeit heran und bilden ihre violettköpfigen, unten weißen Rüben nicht gerade über Nacht, aber doch über ein paar Nächte, – wenn sie genügend Feuchtigkeit haben. Schnecken und sonstige Mitesser haben kaum Zeit, an der Ernte zu partizipieren, so schnell geht das.

Sät man die Herbstrüben zu spät aus, dann entwickeln sie keine Rübe mehr, gehen geduckt durch den Winter und zeigen im Mai, wer sie sind: enge Verwandte unserer Gartenkohlarten, wie diese zur Gattung *Brassica* gehörend, Kreuzblütler also. Die Herbstrübe (botanisch *Brassica rapa, f. autumnalis)* trägt gelbe Blüten und zwei Arten von Blättern; die unteren sind grasgrün und fiederspaltig, die oberen blaugrün, eiförmig und umfassen herzförmig den Stengel. Wer die Herbstrübe im frühen Frühjahr sät, kann dann im Juni die Samen ernten und vier bis sechs Wochen später aussäen, um sich im September und Oktober an den Rüben zu delektieren. Vielleicht könnte man sogar ein »selbsttätiges« Herbstrübenbeet anlegen, wo die Pflanze sich selber aussät und teils Rüben bildet, teils späte Sämlinge fürs nächste Jahr. Ich will's versuchen.

September

Nun shreddern sie wieder. Der Trieb zur Vollmechanisierung des menschlichen Lebens hat uns diese abscheulichen Geräte beschert, mit deren Hilfe man einen Berg von Gartenabfällen unter ohrenbetäubendem Lärm in einen Sack feinen Mulms verwandeln kann.

Ich leugne nicht, daß man sich mit dem Shredder Platzprobleme vom Halse schaffen kann (aber wohin mit dem Shredder?) und daß der Mulm etwas schneller verrottet. Andererseits aber ist das Shreddern ein typisches Beispiel dafür, wie der motorisierte Mensch mit großem Energieaufwand auf brutale Weise etwas bewerkstelligt, was die Natur ganz lautlos und sanft mit Hilfe nagender Insekten und zersetzender Pilze vollbringt. Sie braucht zwar etwas mehr Zeit, doch können wir ihr helfen, indem wir mit der Schere im Garten umhergehen und hie und da und immer wieder zerschneiden, was uns an totem Geäst und trockenen Stengeln unter die Hände kommt.

Je kleiner der Garten, um so entbehrlicher ein Shredder, weil die anfallenden Mengen leicht mit der Hand zu bewältigen sind. Und je größer der Garten, um so unnötiger der Shredder, weil doch wohl irgendwo ein Platz sein müßte, auf dem man sperrige Abfälle sich selber und der langsamen Verrottung überlassen kann. Was übrigens nichts anderes ist als eine von vielen möglichen Formen der indirekten Nutzung der Sonnenenergie, und daran sollte uns um so mehr gelegen sein, als wir ja die Becquerels aus Tschernobyl im Garten haben und so bald nicht wieder loswerden. Man kann nicht gegen Atomenergie sein und zugleich noch die letzte Gartenarbeit elektrifizieren.

Was die Becquerels angeht, so haben sie ja nicht nur manchem die bis dahin verklebten Augen für die wahre Natur der »Friedlichennutzungderkernenergie« geöffnet, sondern auch den Gärtnern wieder einmal demonstriert, daß der Garten keine Enklave des Guten in einer bösen Welt ist, sondern ein Teil derselben und ziemlich schutzlos. Unvergeßlich, wie wir im Mai 1986 auf das verspätet aufkeimende Grün starrten und nicht sahen, aber wußten: daß ein Todeshauch darüber geweht war. Wer da geweint hat, braucht sich nicht zu schämen.

Wir können uns nicht einigeln und auf hundert oder dreihundert Quadratmetern die Natur als solche bewahren. Jede Pflanze, jeder Käfer, über die wir uns freuen, alles Wachsen, das wir in unserem Geviert zulassen, vermag nur dann zur Rettung beizutragen, wenn wir selber und unser Garten mahnend weiterwirken, uns und andere lehrend, daß auch die Welt ein Garten ist, und daß wir in ihr und mit ihr zugrunde gehen, wenn wir der Dreistigkeit, mit der in ihr herumgepfuscht wird, nicht ein Ende machen.

Also kompostieren wir, *ohne* zuvor zu shreddern. Aber als kürzlich ein verständiger Gärtner bei mir zu Besuch war und am Komposthaufen vorbeikam, sah er mich schräg von der Seite an: *Das* sollte mein Komposthaufen sein? – Er ist wirklich etwas dürftig, kaum größer als der Kofferraum eines Autos. Was daran liegt, daß ich alles Kompostierbare gleich an Ort und Stelle kleinschneide und den Regenwürmern zur weiteren Verwertung liegenlasse. Außerdem gibt es an mehreren Stellen im Garten kleine Rottehaufen: Das erspart Wege, und das milde vorgerottete Material läßt sich im Herbst zum Abdecken des Bodens verwenden; was dann im Frühjahr noch übrig ist, kommt auf den Kompost.

Freilich werden die kleinen Haufen auch von den Schnecken als Unterkunft genutzt. Scharenweise kommen sie nachts daraus hervorgekrochen. Aber die Schnecken haben für mich ihren Schrecken verloren. Die vom Dorfschmied aus verzinktem Blech hergestellten Schneckenzäune mit nach außen abgeschrägter Kante (von denen im November die Rede sein wird) haben sich so glänzend bewährt, daß ich Nachschub bestellt und damit alle Gemüsebeete wirkungsvoll geschützt habe, für alle Zeiten.

Nur dort, wo keine Schneckenzäune stehen, muß ich gefährdete Jungpflanzen einzeln verteidigen. Zu diesem Zweck werden unsere Gäste immer sehr herzlich gebeten, bei den dänischen Butterkeksen doch ganz ungeniert zuzugreifen. Man bekommt diese Kekse nämlich in flachen runden Blechdosen (was energiepolitisch natürlich verwerflich ist), und wenn man in den Boden der Dose ein großes Loch schneidet, hat man eine vortreffliche Barriere gegen die Schnecken. Es ist dasselbe Prinzip wie bei den Schneckenzäunen, nur mit einer nach *innen* gerichteten Abkantung. Offenbar fehlt den Schnecken die Lust oder die Fähigkeit, um die Kante herumzukriechen; breit genug muß sie allerdings sein, nicht unter drei Zentimeter.

Dieser Schneckenschutz ist primitiv und häßlich – aber jedenfalls erträglicher als die ohnmächtige Wut, die uns packt, wenn wir von den abends gepflanzten Tomatensämlingen am nächsten Morgen nur noch kahle Stümpfe vorfinden.

Um so dankbarer sind wir, daß es auch Pflanzen gibt, die von den Schnecken verschmäht werden. Die Süßdolde *(Myrrhis odorata)* gehört dazu, eine schöne und ebenso beharrliche wie bescheide-

Süßdolde

ne Gartengefährtin. Sie duftet zart nach Anis, macht also einen eher exotischen oder zumindest mediterranen Eindruck, ist aber eine in den Alpen heimische Hochgebirgspflanze, deren starke Pfahlwurzel jeden Winter übersteht. Ihre großen dunkelbraunen Samen keimen bald, die ersten Sämlinge richten schon jetzt ihre fein gefiederten Blätter auf. Die Süßdolde ähnelt dem Wiesen-Kerbel mit ihren weißen Doldenblüten, die nach und nach aufblühen, so daß die älteste Dolde schon fast reife Früchte trägt, wenn die Nebendolden erst gerade abgeblüht sind und noch gar nicht ahnen lassen, zu welchem Großformat die Samen in ganz kurzer Zeit heranwachsen.

Für den Gärtner ist wichtig zu wissen, daß die Süßdolde gern im Schatten lebt. Wie oft hört man die Klage aus kleinen, engen Gärten, daß es an Sonnenplätzen fehle und daß im Schatten »nichts« gedeihe. Natürlich gedeiht nichts, wenn man fühllos versucht, dort die licht- und wärmeliebenden üblichen Schmuckstauden anzusiedeln. Aber es gibt zahllose Arten, die im Schatten des Hauses oder der Bäume überhaupt erst richtig zeigen können, wer sie sind, – wie auch die Süßdolde bei sonnigem Stand leicht gelbe Blattspitzen bekommt und etwas lustlos bleibt, während sie im Schatten geradezu prangt mit ihren farnartigen Blattwedeln.

Der Anisgeruch täuscht nicht: Die Süßdolde ist als apartes Würzkraut brauchbar, und wer den süßlich-aromatischen Geschmack mag, kann ihre Blätter auch als Salat verwenden. Die Wurzeln schmecken ähnlich wie Lakritz und sind gleichfalls eßbar; in England galten sie, gekocht und mit Essig und Öl angemacht, als das, was man heute ein »Geriatricum« nennt, ein Stärkungsmittel für ältere Leute. Vermutlich ist es genauso wirkungslos wie alle Geriatrica – aber ganz unbezweifelbar ist die Wirkung der Süßdolde auf den Magen. Die rohe Wurzel oder ein Tee davon beruhigt die Magennerven und macht Appetit, auch gegen quersitzende Winde soll sie wirken, schließlich als mildes Mittel bei rauhem Hals: Wohltätig und sanft ist das Wesen der Süßdolde, und wir sollten ihr genügend Raum gewähren, damit *sie* sich entfalten kann und *wir* die mehreren guten Gaben reichlich nutzen können.

Es gibt Quizaufgaben, die nach dem Prinzip gebaut sind: »Schätzen Sie, wieviele Apfelsinen in eine Badewanne passen – fünfhundert, eintausendfünfhundert oder zweitausendfünfhundert.« Da zeigt sich oft, wie unsicher das Gefühl für Zahlen und Mengen sein kann. Auf den eigenen Garten angewendet: Schätzen Sie einmal, wieviele Pflanzenarten in Ihrem Garten versammelt sind, – hundert, zweihundert, vierhundert?

Und dann gehen Sie mit Block und Bleistift hinaus und notieren: die Gehölze; die »Zierpflanzen«; die Wildpflanzen; die Gemüse (auch die schon abgeernteten); die Unkräuter, die freiwillig geduldeten und die unfreiwillig ertragenen; die Zwiebel- und

Knollenpflanzen, deren Blätter schon seit Wochen oder Monaten verwelkt sind. Wer – mit Recht! – der Meinung ist, daß Zahlen nicht viel zu bedeuten haben und wer deshalb noch nie die Zahl seiner Arten taxiert hat, der wird sich die Augen reiben, wenn er den Reichtum seines Gartens an der Länge der Liste ermißt.

Er sollte die Liste dann übrigens nicht wegwerfen, sondern auf dem laufenden halten, mit Zugängen und Abgängen. Dann erzählt sie vom Werdegang des Gartens über die Jahre, und wenn sie mit Notizen und Skizzen angereichert wird, kann daraus ein Gartenbuch eigener Art entstehen, ein einmaliges.

Ob eine Pflanze als »Zierpflanze« oder als Nutzpflanze zu gelten hat, das hängt manchmal nur vom Standort ab: In meinem Garten leuchten die blauen Blütenkerzen der Präriekerze *(Camassia)* nur zur Zierde, im Mai; bei den Indianern wurden jetzt im Spätsommer die reifen Zwiebeln aus der Erde genommen, gekocht, zerquetscht und zu kleinen Fladen gebacken.

Bei uns: ein strahlender Strauß heiterer Blüten mit der einzigen Bestimmung, den frühsommerlichen Garten zu zieren, – bei den Indianern des westlichen Nordamerika eine der wichtigsten Nahrungspflanzen, »Quamash«.

Wir haben die Zwiebeln gegessen. Um genau zu sein: nicht die der eigentlichen Quamash *(Camassia quamash = C. esculenta)*, sondern die der ähnlichen, eng verwandten und gleichfalls eßbaren *Camassia leichtlinii.* (Außerdem gibt es noch *Camassia cusickii*; sie ist giftig, doch ist eine Verwechslung ausgeschlossen, weil die Zwiebeln ihre Unbekömmlichkeit durch einen widerlichen Geruch kundtun.)

Die *Camassia*-Zwiebeln bestehen offenbar fast ganz aus Kohlenhydraten (Inulin und Schleim), denn sie schmecken etwa so wie zerkochter Reis: nach gar nichts. Gebacken hingegen entfalten sie ein köstliches Eierkuchenaroma und schmecken, gezukkert oder gesalzen, nicht schlecht. Um ein paar Mahlzeiten zu bereiten, müßte man freilich ein ziemlich umfangreiches *Camassia*-Beet anlegen, denn die Zwiebeln sind nur etwa pflaumengroß. Schön würde das aussehen: »Ein großes Feld blühender Camass-Pflanzen wirkt wie ein tiefblauer See«, schreibt der Medizinmann Sun Bear in seinem Buch ›Das Medizinrad‹, wo außerdem nachzulesen ist, daß *Camassia* die Totem-Pflanze der unter dem Mond der Wiederkehrenden Frösche geborenen Biber-Menschen ist und deren Wesen dadurch spiegelt, daß sie Schönheit und Nützlichkeit harmonisch vereint.

Die *Camassia* gehört zu den Liliengewächsen, ist zuverlässig winterhart, vermehrt sich leicht durch Bildung von Tochterzwiebeln und gehört auch in ihrer ganzen Statur zu den robusten, gegen Wind und Regen unempfindlichen Gartenpflanzen. Wie eine luftige Schaumkrone schweben die blauen Blütensterne über den schmalen Blättern. Die Samen reifen auch bei uns zuverlässig aus. Wir können sie ernten und im Frühjahr aussäen, vorsichtshalber nicht gleich ins Freiland, sondern in eine Saatschale auf der Fensterbank. Zwar dauert es zwei bis drei Jahre, ehe wir auf diese Weise erntefähige Zwiebeln haben, aber dafür bedarf eine solche *Camassia*-Kultur auch keiner besonderen Pflege, sie wächst still vor sich hin, wenn wir sie nur nicht vertrocknen lassen.

Eine »Zierpflanze« also – aber doch auch ein sichtbares und lebendes Stück der Botschaft indianischer Weltauffassung: Aus dem Leib der Erdmutter löst man die Knolle der Quamash behutsam heraus, empfängt sie als Gabe.

Der Garten weitet sich zur Welt, je mehr man von der Rolle der Pflanzen in der Menschengeschichte erfährt, Blick und Denken gehen über den Zaun hinaus.

Oktober

Daß Kaffeesatz nicht in den Müll, sondern auf den Komposthaufen gehört, weiß jedermann. Nun wird bei uns unablässig Kaffee gekocht, und es hat mir immer leid getan, die großen Mengen feinsten braunen Gruses so einfach im gemischten Abfall untergehen zu lassen. Also wurde er zunächst einmal in einem Extra-Eimer gesammelt und dann, als der Eimer voll war, in einen Quadratmeter lehmiger, der Lockerung und Lüftung bedürftiger Erde eingearbeitet.

Das Stück, für gerade eingetroffene Jungpflanzen vom Sumpf-Blutauge *(Comarum palustre)* und Teufelsabbiß *(Succisa pratensis)* bestimmt, nahm eine krümelige Struktur an, sog das Regenwasser auf, ohne zu verschlämmen, trocknete zwar oberflächlich schnell wieder ab, blieb aber darunter lange feucht. Natürlich ist ein solcher, rein mechanisch verbesserter Boden noch keine reife Erde: Der Kaffeesatz muß jetzt langsam verrotten, er wird aufgearbeitet und in Humus verwandelt, aber jedenfalls wird der Lehm kaum mehr die Chance haben, zusammenzubacken und feste Klumpen zu bilden. Die zufällige Wahl der »Erstbesiedler« des Versuchsstücks erwies sich im nachhinein als genau richtig: Sowohl das Sumpf-Blutauge als auch der Teufelsabbiß bevorzugen schwach saure Böden – und der Kaffeesatz ist, wie die Analyse im Labor von Dr. Balzer in Amönau ergab, schwach sauer: Er hat einen ph-Wert von 5,4, ist also nicht ganz so sauer wie Torf (4,3). Die Gehalte an Calcium, Phosphor, Kalium und Magnesium sind, wie beim Torf, nicht besonders hoch; die wichtigsten Spurenelemente (Kupfer, Eisen, Mangan, Zink) sind in hinreichender Menge vorhanden, und der Stickstoffgehalt ist sogar fast doppelt so hoch wie beim Torf, er liegt bei 1,9%, freilich gebunden an organische Substanz, so daß damit keine direkte Düngewirkung erzielt werden kann.

Aber als Dünger ist der Kaffeesatz ja auch nicht gedacht, ebensowenig wie der Torf, sondern als leicht handhabbares Mittel zur schnellen Auflockerung eines Bodens, wenn kein Kompost vorhanden ist oder wenn es (wie bei vielen Wildpflanzen!) gilt, die nährende Wirkung des Komposts gerade zu vermeiden. Wer nicht Moorbeetpflanzen kultiviert, könnte also seinen Torfbedarf mit Kaffeesatz decken und derart, wenigstens zu einem kleinen Teil, die weitere Zerstörung der Moorflächen aufzuhalten helfen. Zehn Millionen Kubikmeter Torf werden im Jahr von den Gärtnern verbraucht, das sind, trocken gewogen, ungefähr zwei Milliarden Kilogramm. Etwa ein Viertel dieser Menge, nämlich fünfhundert Millionen Kilogramm Kaffee, werden in die Bundesrepublik eingeführt. Verarbeitungsbetriebe, Großküchen, Cafés und Kleinverbraucher könnten, jeder auf anderen Wegen, einen großen Teil des entstehenden Kaffeesatzes sammeln und verwerten.

Verzweiflungsakte, hilfloser Protest: Man möchte die Ausbeutung der letzten Moore durch das Recycling von Kaffeesatz vermindern und wenigstens selbst nicht mehr mitschuldig werden – aber die Hersteller von Torfquelltöpfen und Kultursubstraten können darüber nur müde lächeln, und die Fabrikanten von Usambaraveilchen, Erica und anderer Massenware antworten achselzuckend, daß sie nicht so viel Kaffee trinken können, wie sie Torf brauchen. (Und *wir* müßten, wenn wir die Sache zu Ende denken wollen, der Frage nachgehen, ob einigen Ländern, aus denen wir unseren Kaffee beziehen, nicht besser geholfen wäre, wenn sie statt der Kaffeesträucher Nahrungspflanzen für ihre hungernde Bevölkerung anbauen würden; denn von dem Kaffeegeld kaufen sie ja doch nur Schnellfeuergewehre, die man bekanntlich nicht essen kann.)

Im Garten stehen uns jetzt die Monate bevor, in denen Grau- und Brauntöne vorherrschen und jedes kleine Grün als Bürgschaft und Verheißung hoch geschätzt wird, – zum Beispiel das Grün der Moose, die wir sonst meist nur mit einem Seitenblick streifen, ohne uns viel um die Verschiedenheit der Formen, um den Lebenszyklus oder gar um die Namen zu kümmern. Tatsächlich ist die zuverlässige Bestimmung der Moose nicht leicht und kann keinesfalls aus Büchern allein erlernt werden. Die Hilfe erfahrener Mooskenner ist unentbehrlich.

Ein erster Schritt zur Annäherung an die Moose kann aber darin bestehen, daß man sich, ohne den Ehrgeiz nach exakter Bestimmung, mit dem Feinbau dieser zarten Pflanzen befaßt, die Unterschiede wahrzunehmen lernt und dann auch bemerkt, daß die verschiedenen Moosarten auch verschiedene Lebensräume bevorzugen. Eine kleine Sammlung lebender Moose im Garten ist für die Vertiefung der Bekanntschaft sehr nützlich. Die ständige Beobachtung schärft den Blick für die Details.

Eine solche Moossammlung können wir in den nächsen Monaten zusammentragen, indem wir auf Spaziergängen moosbedeckte Steine, vermoostes Holz oder auch einmal einen kleinen Ballen Erde mit Moosen aufsammeln – wobei wir darauf achten, nur solche Arten zu wählen, die in großen Beständen vorhanden sind; es könnte sonst leicht sein, daß wir zur endgültigen Ausrottung einer der vielen gefährdeten Arten beitragen.

Die mitgebrachten Proben fügen wir in einem geschützt liegenden Winkel des Gartens zusammen – so »natürlich« wie möglich. Freilich müssen wir uns davor hüten, vor lauter geplanter Natürlichkeit erst recht in Künstelei zu verfallen – eines der Grundprobleme aller Naturgärtnerei. Im Zweifelsfall ist dann die akkurate Strenge einer einfachen Reihung ehrlicher und erträglicher als die inszenierte Wildheit.

Für den Anfang denke ich mir eine kleine Mauer, deren Krone trocken und besonnt ist, während die eigentliche Mauerfläche im Schatten liegt und so windgeschützt, daß sie nie ganz austrocknen kann. Die Mauer ist aus rohen Steinbrocken lose geschichtet, so daß bemooste Steine leicht eingefügt werden können. Am Fuß der Mauer roher Boden, teils lehmig, teils sandig, und ein Platz für Moderholz und Borke.

Alles sollte so leicht zugänglich sein, daß die Moose aus der Nähe betrachtet werden können, – auch mit der Lupe. Mit dieser versehen, streifen wir nun durch unseren Garten der Moose und üben uns im Unterscheiden des Aufbaus der Polster, der Formen von Blättern und Sporenkapseln, der Blattstellungen am Stämmchen. Wir tasten uns heran an die minimalen Unähnlichkeiten, die hinter der scheinbaren Ähnlichkeit verborgen liegen.

Viele werden es damit bewenden lassen. Warum auch nicht. Andere werden das, was sie zu unterscheiden gelernt haben, auch benennen wollen. Wer sich ans Bestimmen wagen will, sei verwiesen auf das Buch von Ruprecht Düll: ›Exkursionstaschenbuch der Moose. Für die Lupenbestimmung der leicht erkennbaren Arten im Gelände‹. Es ist reich bebildert und enthält auch Hinweise auf Exkursionen und Bestimmungsübungen.

Wenn irgendwo ein Herbarium unerläßlich ist, dann in der Mooskunde. Immer wieder muß man, um sicher zu gehen, die zuverlässig bestimmten Arten zur Hand nehmen, mit etwas Wasser auffrischen und die feinen Details vergleichen. Hingegen sind die Herbarien mit höheren Pflanzen etwas in Verruf gekommen und gelten, seit jedermann fotografieren kann, als überholter großväterlicher Zeitvertreib, der noch dazu die Gefahr birgt, daß die letzten Exemplare bedrohter Pflanzenarten ihr Ende in den Sammelmappen finden. Auch heißt es, eine gepreßte Pflanze mit verblichenen Farben sei ein trostloser Anblick gegenüber der lebenden Pflanze oder einem Foto davon.

Das ist sicher nicht ganz falsch, und ich will auch nicht dazu einladen, die letzten Orchideen zwischen Löschpapier zu beerdigen. Was aber die Farbfotos angeht, so können sie kaum je die für eine Bestimmung notwendigen Details zeigen. Weit besser als ein Foto ist ein Herbariumsexemplar geeignet, die Unterschiede der Arten zu studieren und zu memorieren – vor allem in den Wintermonaten, während derer sonst immer ein Teil der Artenkenntnisse durch Nichtgebrauch abhanden zu kommen pflegt.

Und was die Schönheit angeht, so bietet gerade die gepreßte, »zweidimensionale« Pflanze den Blick auf manches, was man draußen gar nicht wahrgenommen hat: Blattgestalten, Proportionen, Formenreihen, Entwicklungsabfolgen. Der Gärtner, der ja den täglichen Veränderungen auf der Spur bleiben kann und keinerlei Naturschutzgebote zu beachten braucht, hat großartige Möglichkeiten, auf diese Weise immer noch besser sehen zu lernen und das Gesehene festzuhalten. Sein Herbarium ist das Archiv seines Gartens, es bewahrt nicht nur die Arten, sondern auch flüchtige Entfaltungsstufen, Momentaufnahmen, Krankheitsbilder, Vergleichsreihen aller Art. Oder auch: einmalige Mißbildungen, wie die hie und da auftretenden »Verbänderungen«:

Da wächst ein Sproß plötzlich nicht rundlich, sondern breit abgeflacht, so als wäre er aus lauter dünnen, eng beieinanderliegenden Einzelsprossen zusammengesetzt; entsprechend vervielfacht sich die Zahl der Blätter und Blüten, die dem Sproß-»Band« entspringen, dicht gedrängt auf engem Raum. Unwillkürlich denkt man an eine Maschine, die ins Stottern geraten ist, und ganz sicher läßt sich die Verbänderung auch genetisch als eine Art Maschinenschaden beschreiben: Irgendein Operator-Gen hat da nicht richtig funktioniert. Bemerkenswerter als die biochemische Ursache ist aber die Erscheinungsform, die daraus folgt; sie ist wunderlich und bizarr, aber doch nicht völlig chaotisch, sondern von dem ursprünglichen Gestaltplan so weit gebändigt, daß darin für unsere Augen eine neue, absonderliche Schönheit aufscheint. So werden manche dieser Verbänderungen als Zierformen weiterkultiviert, etwa die Drachenweide, eine Weide, die ihre zunächst rundlichen Triebe am Ende in breite, flache und dann meist noch gegabelte Bänder auslaufen läßt. Zur Vegetationszeit wachsen daraus dichte Blattbüschel, nach dem Laubfall erst werden die Konturen der verbänderten Zweige sichtbar. Fürs Herbarium sind die Abwandlungen der Grundformen ein unerschöpfliches Thema; das Herbarium hilft, sie festzuhalten und manchmal auch die Grundgestalt, aus der sie hervorgegangen sind, noch besser zu verstehen. Dabei geht es natürlich nicht nur um die (selteneren) Verbänderungen, sondern vor allem um die »normalen« Variationen, etwa die zahllosen, je nach den Umweltbedingungen tausendfach verschiedenen Ausformungen der Blätter des Löwenzahns.

Auch die Art und Weise, in der viele Pflanzen die Blattgestalt von unten nach oben, vom Bereich des Vegetativen zum Blütenstand hin verwandeln, wird erst richtig augenfällig in den Blattreihen, die im Herbarium bewahrt sind. Die Stengelblätter des Echten Eisenkrauts *(Verbena officinalis)* sind ein Beispiel dafür: Unten sind sie oval und leicht gekerbt, in der Mitte der Pflanze

Echtes Eisenkraut

tief eingeschnitten mit einem langen Mittellappen, nach oben hin werden sie wieder kleiner und einfacher, und das letzte Blatt unter dem Blütenstand ist nur noch ganz kurz und schmal lanzettlich. Eine Blattreihe wie die hier abgebildete ist mehr als ein formales Variationsschema: Sie ist ein Kürzel für den Entfaltungsprozeß einer Pflanzengestalt, das Abbild eines Lebensvorgangs und vielleicht noch mehr – worüber nachzudenken wäre.

Die Redaktion der ›New York Times‹ bedient im Oktober ihre Leser mit einem regelmäßigen Herbstlaubfarben-Bericht, den ich allerdings nur vom Hörensagen kenne (vielleicht kann mir jemand einmal eine Nummer dieser Zeitung besorgen). Man erfährt da, so habe ich mir erzählen lassen, welche Wälder in welchen Gegenden jetzt gerade das prächtige Schauspiel des herbstlichen Farbwechsels aufführen. Vielleicht lösen die Meldungen einen Laub-Tourismus zwischen Vermont und Kalifornien aus.

Hierzulande sind die Dimensionen bescheidener, aber noch im kleinsten Garten kann der Verwandlungszauber mit seinen tagtäglichen Nuancen uns immer von neuem faszinieren, das Aufblühen im Verwelken. In meinem alten Garten hatte ich eine Rotbuchenhecke, die gleichzeitig grüne, gelbe und braune Töne in allen Schattierungen präsentierte und über Wochen hin jeden Tag ein anderes Bild bot. Mit dem Einzug der Immergrünen in die kleinen Gärten ist vieles von dieser Pracht verschwunden. Das ist bedauerlich, – aber ich mag doch nicht einstimmen in die Klage der Naturgärtner über die Vorherrschaft der Koniferen und anderen Immergrünen:

Nichts gegen die Schönheit der winterlich kahlen Äste der Laubgehölze, knorrige und sperrige Gestalten, mal trotzig aufrecht, mal eher fröstelig kauernd, Gleichnisse für die unterschiedlichsten Weisen des Überdauerns in unwirtlicher Zeit. Aber ein bißchen Grün brauchen wir schon, als Schleier vor den Zumutungen der Straße, als Grenzmarke, – und als Gedächtnisstütze. So ähnlich wird es wieder sein, demnächst. Die Ungeduld wird besänftigt vom Wintergrün, und sei es noch so unscheinbar.

Zum Beispiel gibt es vom Efeu *(Hedera helix)* Gartenformen mit kleinen, sehr festen, zweizeilig angeordneten, fast dreieckigen Blättern, von aufrechtem Wuchs und durch eine gewisse Starrheit auffallend. Die immergrünen Büsche wachsen nur langsam und können uns im Garten helfen, begrenzte Räume mit eigenem Klima zu schaffen. Manche empfindliche Pflanze dankt es uns, wenn wir ihr solch niedriges Buschwerk beigesellen, zum Schutz vor austrocknenden Winden und vor der gefährlichen Wintersonne.

Bei diesen aufrechtwachsenden Efeu-Züchtungen sind fast alle charakteristischen Eigenschaften der Urform in ihr genaues Gegenteil verkehrt: Kerzengerade Triebe anstelle schmiegsamer Ranken, steife kleine Blätter anstelle von großen weichen, wie an einem Lineal ausgerichtet übereinander und fast gleichförmig statt vielgestaltig – und trotzdem erkennt man sogleich das Efeu-Wesen der Pflanze. Wer einmal versucht herauszubekommen, woran das liegt, wird merken, daß sich oft die wichtigsten Grundzüge des Physiognomischen gar nicht in Worte fassen lassen.

Übrigens sind diese aufrechten Efeu-Züchtungen ein hübsches Beispiel dafür, daß eine »Züchtung« keineswegs, wie man allzuleicht unterstellt, das Werk von Kunstgärtnern des neunzehnten Jahrhunderts oder von Novitäten-Produzenten des zwanzigsten sein muß: Die Zwergform wird schon bei Matthiolus im Jahre 1563 erwähnt.

Nach den schmerzlichen Erfahrungen der beiden letzten Winter machen wir uns in diesem Jahr schon frühzeitig und nicht ohne Bangen Gedanken darüber, wie wir unsere Pflanzen verteidigen. Mancher Verlust läßt sich durch richtige Pflanzung und Schutzpflanzung vermeiden, in anderen Fällen müssen wir »künstlich« nachhelfen – und das nicht etwa nur bei fremdländischen Pflanzen. Auch einheimische Wildpflanzen können dem Winter zum Opfer fallen:

Viele Jahre gedieh bei mir durch ständige Selbstaussaat der Wildkohl *(Brassica oleracea, var. oleracea)*, dessen Samen ich von der französischen Kanalküste mitgebracht hatte. Der Wildkohl ist die Stammform unserer Gartenkohl-Züchtungen, in der Regel zweijährig, manchmal aber auch länger aushaltend. In diesem Frühjahr war er verschwunden, – erfroren oder in der trokkenen Kälte einfach verdurstet.

Zwischenbemerkung: Manche wintergrüne Pflanze können wir retten, wenn wir sie bei frostfreiem Wetter gießen, sobald der Boden einen trockenen Eindruck macht!

Da sich vom Wildkohl ein paar ältere, aber noch keimfähige Samen fanden, verfüge ich jetzt wieder über Jungpflanzen. Ich werde sie mit den Butterkeksdosen über den Winter bringen, die ich im vorigen Monat als Schneckenschutz empfohlen habe. Natürlich halten die Dosen den Frost nicht ab, doch werden sie, um die Pflanze herum mit etwas Stroh ausgestopft, die Wildkohlsämlinge vor der »Gefriertrocknung« bewahren.

›Über Beschützung zärtlicher Gewächse‹ hieß auch ein Artikel, den ich in der ›Allgemeinen deutschen Garten-Zeitung‹ vom 22. Januar 1828 fand. Der Einfall des Verfassers scheint mir nachahmenswert: Er nahm alte Flaschen aus klarem Glas, schnitt ihnen »mit Feuersteinen« die Böden ab und benutzte sie »nach Bedarf bald zum Schutz vor der Sonne, bald vor dem Regen, oder auch gegen den Wind«. Zum Abschneiden der Böden würden wir heute ein mit Korund besetztes Sägeblatt nehmen und damit zugleich erreichen, daß die Schnittflächen nicht scharfkantig, sondern stumpfrauh sind. Die Flaschenöffnung können wir je nach dem Zweck offen lassen oder mit Holzwolle verschließen. Die Lüftungsmöglichkeit ist ein wichtiger Vorteil dieser bodenlosen Flaschen gegenüber den Einmachgläsern, wie sie gelegentlich als Schutzglocke verwendet werden.

Vornehmlich für die Freilandaussaat scheinen mir die Flaschen gut geeignet. Dabei kommt es ja darauf an, daß die Saat zuver-

Brombeere

lässig feucht bleibt und die zarten Sämlinge nicht vom Wind umgeworfen werden, auch darauf, daß die Temperatur sich nicht zu abrupt ändert. Unter den Glasglocken sollte jede Freilandaussaat gelingen, und daß auch unsere Intimfeinde, die Schnecken, abgehalten werden, stellt die Garten-Zeitung mit hörbarem Behagen fest:

»Es machte mir vorzüglich Vergnügen, zu sehen, wie die Thierchen es von allen Seiten versuchten, zu den unter dem gläsernen Gefäße sich befindlichen Pflanzen zu gelangen, wie nebenstehende Figur zeigt.«

Noch ein Wort zu den immergrünen Tupfern im winterlichen Garten: Nur selten findet man in Büchern erwähnt und im Handel angeboten die fast oder ganz wintergrünen Schlingpflanzen *Lonicera henryi* und *Lonicera japonica,* zwei Geißblatt-Arten, und noch seltener die Immergrüne Brombeere *(Rubus henryi)* mit ihren tiefgelappten, auf der Unterseite weißfilzigen Blättern. Ich fand sie jetzt endlich einmal nach Verdienst gewürdigt in dem neuen und rundum praktischen Buch von Gerhild Lögler und Daniel Sprenger, ›Kletterpflanzen am Haus und im Garten, auf dem Balkon und im Zimmer‹, das wirklich erschöpfende Auskunft gibt in allen Fragen, die einem Kletterpflanzen-Gärtner nur begegnen können.

Die im Jahre 1900 aus Japan eingeführte Immergrüne Brombeere wächst schnell und hoch, wenn man ihr eine kräftige Rankhilfe gibt. Die hellroten Blüten erscheinen am älteren Holz in großen Trauben, die Früchte sind schön glänzend-schwarz – aber trügerisch, denn sie schmecken ausnehmend fade, weshalb die Ansicht einleuchtend erscheint, daß die beliebten, aber im Geschmack so lahmen stachellosen Brombeer-Sorten von dieser Art abstammen. Das ist allerdings eine wissenschaftliche Streitfrage: Es wird auch die Meinung vertreten, daß die stachellosen Sorten auf die Schlitzblättrige Brombeere *(R. laciniatus)* zurückzuführen seien – und dies ist eine wunderschöne, besonders kräftig wachsende Art mit geschlitzten, fast an Farn erinnernden Blättern, die zwar nicht wintergrün sind, aber lange grün bleiben und dann einen Stich ins Dunkelrote bekommen. Ihre Früchte sind schmackhaft, aber nicht derentwegen, sondern wegen des schönen Laubes wurde die Pflanze schon seit dem 17. Jahrhundert kultiviert. Wildwachsend ist sie nirgendwo gefunden worden.

Unübersehbar reich an Arten, Formen und Bastarden ist die Gattung *Rubus* – auch die Himbeere *(R. idaeus)* gehört dazu. Freilich müßte man einen sehr großen Garten haben, am besten wohl ein kleines Landgut, um wenigstens die wichtigsten Arten so ansiedeln zu können, daß ein Durchkommen bleibt – denn die Brombeerverwandtschaft ist fast ausnahmslos bestachelt und außerdem imstande, durch Ausläufer und durch Bewurzelung niederliegender Triebe ganze Areale binnen kurzem zu erobern. Vorsicht ist geboten. Trotzdem nenne ich noch zwei Arten, die die Aufmerksamkeit des Gärtners verdienen, zwei übermannshohe Sträucher:

Erstens die Zimt-Himbeere *(R. odoratus),* die schon im 17. Jahrhundert aus Nordamerika eingeführt und vor allem in Bauerngärten als Zierstrauch gehalten wurde. Sie kann im tiefsten Schatten leben, hat fünfmarkstückgroße wohlduftende Blüten und trägt eßbare rote Früchte.

Zweitens die Rotborstige Himbeere *(R. phoeniculasius)* mit rotborstig behaarten und hakig bestachelten Zweigen. Die Frucht ist leuchtend orangerot und schmeckt vorzüglich, weshalb die Art seit langem als »Japanische Weinbeere« kultiviert wird.

Sollte es nicht in diesen wie auch in manchen ähnlichen Fällen möglich sein, daß sich ein paar Gärtner freundschaftlich verabreden und das unter sich aufteilen, was jeder für sich nicht alles auf einmal haben kann? Vier Gärtner mit vier verschiedenen *Rubus*-Arten, und die Ernten teilt man brüderlich – das wäre doch eine schöne Lösung für das Problem, wie man die begrenzten Möglichkeiten der kleinen Gärten erweitern kann.

Oft bin ich gefragt worden, wie groß denn eigentlich der Garten sei, aus dem diese Nachrichten kommen. Bis vor zwei Jahren lautete die Antwort: dreihundert Quadratmeter, seit zwei Jahren: dreitausend. Natürlich sind uns im kleinen Garten immerzu Grenzen des Experimentierens gesetzt, auch Grenzen des Erntens: Weder können wir Kohl- und Kartoffelfelder anlegen, noch den zahllosen Verlockungen der Baumschulen nachgeben. Aber wenn wir die richtigen Pflanzen und Pflanzengruppen wählen, dann können wir den Platzmangel durch sorgsame Planung und noch sorgsamere Hege vieler kleiner Kostbarkeiten aufwiegen, ohne je über Mangel an tagtäglichen Entdeckungen und Erlebnissen klagen zu müssen. Im großen Garten wird hingegen die

Aufmerksamkeit fürs Detail und für die fast unmerklich langsamen Veränderungen oft dadurch vermindert, daß uns aus allen Gartenecken mehr unerledigte Arbeiten anstarren, als wir überhaupt bewältigen können; und wenn wir da den Ausweg des romantisch verwilderten »Naturgartens« wählen und den Dingen ihren Lauf lassen, ist das Ende meist eine Enttäuschung: Distelwald, Giersch-Dschungel, Ampferwiese, und eines Tages stirbt alles unter einer Decke von Lianen der Zaunwinde ...

November

Unter den ersten Frösten stirbt der Weiße Senf. Er legt sich einfach hin, und am nächsten Morgen bedecken seine schon angegilbten Blätter wie Fetzen feuchten Löschpapiers den Boden, schmiegen sich jeder Unebenheit an und werden in den kommenden Monaten so liegenbleiben, langsam vergehend, aber doch als eine dünne Schutzdecke, als Winterlaken über den Beeten, auf denen man ihn gerade noch rechtzeitig ausgesät hat.

Gleich nach den letzten Frösten, im Mai, wird man die gelben Samenkörner wieder ausstreuen, überall dort, wo gerade nichts anderes wächst, wo es junge Setzlinge zu schützen gilt, wo der letzte Feldsalat oder der erste Spinat abgeerntet worden ist, wo ein Platz für eine Staude freigehalten werden soll. Der Weiße Senf ist ein Lückenbüßer.

Den Vögeln schmeckt sein Same nicht, weshalb der Gärtner ihn nur auf die Erde zu werfen und nicht einmal einzuharken braucht. Ein wenig Feuchtigkeit zum Keimen hat die Saat nötig, sonst nichts. Am dritten Tage wird die weiße Wurzelspitze sichtbar, bohrt sich in den Boden, und nun kann man zusehen, wie die Sämlinge heranwachsen und mit ihren grob gezähnten und gelappten Blättern den Boden beschatten, vor Austrocknung schützen und die Unkräuter niederhalten.

Kaum drei Wochen braucht der Senf, bis er die ersten Blüten hervorbringt. Dann werden die Blätter größer, die Blütentrauben wachsen in die Höhe, blühen weiter, während sich unten schon die ersten Samenschoten bilden, die lang geschnäbelt und dicht mit weißen Haaren besetzt sind.

Wenn der Senf seine Schuldigkeit getan hat und der Platz für anderes gebraucht wird, dann reißt man ihn einfach aus und läßt ihn als Mulch liegen. Ein Lückenbüßer also. Aber was für einer:

Kaum haben die Sämlinge die ersten Blätter entwickelt, gehen wir in den Garten und kommen mit einer Handvoll des zartesten, würzig duftenden Grüns wieder zurück. In der Küche wird es fein gewiegt und kommt aufs Butterbrot, an jederlei Salat, in die Suppe oder aufs Spiegelei. Natürlich kann man auch Quark damit anmachen – nur trocknen läßt es sich nicht, dann verliert es

Weißer Senf

seinen kresseähnlichen Geschmack ebenso wie seine wohltätige Wirkung auf Magen, Leber und Galle.

Sind die Pflanzen größer geworden, dann ist nichts verloren. Zwar lassen sich die älteren, festeren Blätter nicht mehr so gut als frisches Kraut verwenden, aber unentwegt treibt der Senf in den Blattachseln neue zarte Blattpaare, selbst dann noch, wenn man schon die ersten reifen Senfsamen ernten kann. Besser ist es freilich, immer wieder neue Sämlinge heranzuziehen.

Wäre das alles, es würde ja schon ausreichen, um den Weißen Senf zu preisen als einen anspruchslosen Helfer im Garten, als interimistischen Bodendecker, als zartes Mulchmaterial und Winterschutz und pikantes Würzkraut. Aber es ist nicht alles, das Eigentliche kommt noch:

Senf ist der beste Spinat, den es gibt!

Schon die alten Römer, wirklich, schon die alten Römer bauten ihn an und kochten seine Blätter als spinatartiges Gemüse. Wir nehmen auch die Stengel dazu und die Blüten, zerkleinern sie mit dem Wiegemesser (machen aber keinen Matsch daraus, wie es beim Spinat immer noch üblich ist), dünsten sie in Öl und Butter (Zwiebeln, Knoblauch nach Geschmack) und würzen mit

Salz und Muskat. Das ist eine Sache von Minuten. Viel zu waschen und zu putzen gibt es auch nicht, denn meist ist der Senf so verwendbar, wie er aus dem Garten kommt: Die Blattläuse verschmähen ihn, die Schnecken gleichfalls, und die Erdflöhe ergreifen von selber die Flucht, wenn wir die Pflanze nur anrühren.

Daß der sanfte Senfgeschmack sich beim Kochen verliert, ist schade, läßt sich aber leicht gutmachen, indem man dem fertigen Gemüse noch eine Handvoll feingewiegter frischer Blätter hinzufügt.

Was den Senf im Vergleich zum Spinat so schätzenswert macht, ist der Umstand, daß seine Kultur nicht die geringste Mühe macht und zwischen Mai und September jederzeit möglich ist. Selbst im Hochsommer können wir ihn aussäen und zwei Wochen später mit der Ernte beginnen.

Zur Bereitung von Speisesenf benutzt man übrigens nicht nur die Samenkörner des Weißen Senfs *(Sinapis alba)*, sondern auch die sehr viel schärferen des Schwarzen Senfs *(Brassica nigra)*, der botanisch gar nicht zur Gattung Senf gehört, sondern ein Kohl ist. Experimentell zu klären bleibt noch die Frage, ob die uralte Weisheit, daß zwei Senfblätter, mit der linken Hand gepflückt und mit Honig gekaut, zur Unkeuschheit reizen, sich auf den Weißen oder den Schwarzen Senf bezieht. Hier könnten auch Kleingärtner nützliche Forschungsarbeit leisten.

Es war ein Schneckenjahr wie kaum je eines. Aus allen Gärten hörte man schon im April die ersten Schreckensrufe. Ganze Aussaaten wurden innerhalb weniger Nachtstunden die Beute zahlloser kleiner grauer oder großer brauner Nacktschnecken, die den harten Winter offenbar völlig unbehelligt überstanden hatten und sich über das spät und zaghaft erscheinende Grün hermachten.

Die erste Spinataussaat: verloren. Die Dicken Bohnen: abgenagt bis zum Stengel und auch dieser noch so von den Schneckenzungen beschabt, daß neu gelegt werden mußte. Der Pflücksalat: schier unsichtbar geworden, bis auf den letzten Rest verschwunden.

In den Gartenecken der Zeitungen wurden viele gute Ratschläge erteilt, das ganze Waffenarsenal des Schneckenkrieges aufgelistet: Ätzkalk, Holzasche, Sägemehl, Schneckenkorn. Aber die Streumittel sind unzuverlässig und werden vom Regen verspült, sind also just dann unwirksam, wenn das Wetter für die Schnekken besonders günstig ist. Die Bierbecher waren voll toter Schnecken, – aber das Kartoffellaub gleich daneben war trotzdem skelettiert, und außerdem ist Bier nicht billig und der Becher mit den Kadavern unappetitlich.

Auch die natürlichen Feinde wurden beschworen, aber obwohl ich Laufkäfer, Igel, Kröten und Spitzmäuse im Garten habe, nahm die Plage überhand. Ein Versuch mit der gelegentlich empfohlenen Jauche aus verwesten Schnecken schlug völlig fehl, und auf Schneckenkorn wollte ich partout nicht ausweichen.

Blieben die Schneckenzäune: Beetumrandungen aus Blech oder Kunststoff, die nach außen abgekantet sind und von den Schnecken nicht überwunden werden können. Statt Krieg also einfach eine rein mechanische Trennung der Reviere, ohne Blutvergießen, und wenn die Grenzen einmal befestigt sind, braucht man sich um nichts mehr zu kümmern, höchstens ab und an nachzusehen, ob etwa außerhalb des Zaunes Pflanzen heranwachsen, die als »Leiter« benutzt werden könnten.

Ich habe im Laufe des Jahres alle käuflichen Schneckenzäune durchprobiert – mit Ausnahme der Elektrozäune, weil es mir widerstrebt, Pflücksalat mit Hilfe von Taschenlampenbatterien zu erzeugen.

Um es kurz zu machen: brauchbar sind sie alle, und billig ist keiner. An die fünfzehn Mark kostet ein Meter Schneckengrenze, wenn man Plastik wählt. Aber das kommt nur für diejenigen in Frage, die den Anblick klappriger brauner Kunststoffkanten im Garten zu ertragen vermögen; auch dürfte das Material im Winter verspröden, müßte also abgebaut und irgendwo gestapelt werden.

Noch teurer (mit Eck- beziehungsweise Verbindungsstücken etwa zwanzig Mark/Meter) ist der »Bio-Fix-Schneckenzaun«, aber dafür ist er aus verzinktem Blech, kann angestrichen werden und ist so robust und präzise gearbeitet, daß man auch Frühbeetfenster auflegen oder sich darauf setzen kann.

Am billigsten kommt man weg, wenn man sich von einem Dachdecker oder einem Installateur verzinkte Blechstreifen mit schräg abgebogener Kante anfertigen läßt. Die Gesamtbreite sollte etwa vierzig Zentimeter betragen, die Breite der Abkantung fünf Zentimeter, die Stücke sollten nicht länger sein als anderthalb Meter. Damit kann man, ein für allemal, ganze Gartenteile umstecken, mindestens die Areale, auf denen man im Frühjahr die ersten Aussaaten macht, oder man kann die Zuwanderung der Schnecken aus dem feuchten Schatten von Gebüschen verhindern.

Natürlich ist das alles nur Notwehr gegen Gartengenossen, die »eigentlich« sehr nützlich sind. Sie fressen auch angemodertes Grünzeug, dazu Leichen von Tieren (am liebsten die der eigenen Artgenossen) und machen daraus Unmengen feinsten Düngers. Manchmal kann man die Spuren der Schneckenarbeit beobachten, etwa auf einem veralgten feuchten Blumentopf: Da hinterläßt die hornige Raspelzunge (»Radula«) mäanderähnliche Muster; dicht an dicht liegen die Fraßspuren und decken die Fläche lückenlos ab, und auch ein Richtungswechsel in der pendelnden Bewegung des Schneckenkopfes mindert nicht die Präzision, mit der der Algenrasen abgegrast wird. Man könnte einmal kleine Aquarien mit Wasser füllen, die Scheiben veralgen lassen, dann das Wasser ausgießen und verschiedene Schnecken einsetzen, um festzustellen, ob die Fraßspuren von Art zu Art unterschiedlich angelegt sind. Aber so etwas probiert ja heutzutage niemand mehr selber aus – lieber wartet man darauf, daß es einmal im Fernsehen gezeigt wird . . .

Wer Versteinerungen und Gesteine sammelt, braucht einen Garten, um jene Stücke unterzubringen, die für die Wohnung zu groß sind. Natürlich rede ich nicht von den Findlingen, die man allenthalben in Luxusausführung kaufen und als Statussymbole vors Gartentor legen kann (wo sie bei Mondschein immer so aussehen, als dächten sie angestrengt darüber nach, was sie hier eigentlich sollen), sondern ich rede von den prächtigen Brocken, die man von geologischen Exkursionen oder von Reisen in fremde Gesteinsprovinzen mitgebracht hat: Lavabomben, versteinerte Korallenstöcke, Basaltsäulen, Feuersteinknollen, Karbonschiefer mit Farnabdrücken, Kieselhölzer und dergleichen.

Im Garten findet das seinen Ort – auf Treppenstufen, Terrassen, in Wegbuchten, nicht so sehr um des Dekorativen willen, sondern damit wir die fremden Steinphysiognomien immer wieder vor uns haben können und nicht in Kisten begraben müssen. Manchmal hat uns auch vor Ort die Zeit gefehlt, alles zu prüfen und auszusondern. Da wird die Sammlung, die wir mitgebracht und im Garten aufgeschüttet haben, zum Steinbruch, dem wir uns irgendwann in Ruhe noch einmal widmen können. Viele Versteinerungen, nämlich jene in Kalkgesteinen, werden hier vom (sauren) Regen viel schöner und schonender freipräpariert, als wir das mit Meißel und Nadel je zuwegebrächten. In kleinstem Maßstab vollzieht sich da, was im großen die Bildung und Umbildung der Landschaften bewirkt: Verwitterung, Abtragung, Verfrachtung, Ablagerung. Die meisten geologischen Vorgänge sind im Garten wie an verkleinerten Modellen zu verfolgen, wenn man genau hinsieht oder wenn man entsprechende Experimente aufbaut. Nur mit Vulkanen hat man seine Schwierigkeiten.

In dem schon einmal erwähnten Buch ›Steckenpferde im Garten geritten‹ hat Hans Schiller ein Geologengärtchen vorgeschlagen, in dem ein auf die Juraformationen spezialisierter Steinfreund zu den einzelnen Stufen auch die eine oder andere der dazugehörenden Leitpflanzen ansiedeln soll. So etwas ließe sich weiterspinnen bis zu didaktischen Zusammenstellungen, wie sie eher für Schulgärten in Betracht kommen, aber natürlich gibt es auch manche nicht ganz so pedantische Möglichkeit für unsere Gärten, und das ist keine Künstelei, sondern eine ganz legitime Art der Veranschaulichung.

Ich würde, wenn ich den Platz dafür hätte, einen Tertiär-Garten anlegen, der das Klima und die Pflanzenwelt dieses Erdzeitalters in Beispielen widerspiegelt. Das Tertiär begann vor siebzig Millionen Jahren; da war es bei uns subtropisch warm, es gab Palmen, Zimt- und Kampferbäume, später, bei abkühlendem Klima, riesige Moore, aus denen die Braunkohlenlager entstanden. Die Alpen falteten sich auf, der Rheintalgraben begann zu entstehen, und in vielen Gegenden gab es lebhafte Vulkantätigkeit. Im Tertiärgarten wären die Braunkohlenquarzite zu sehen, dazu versteinerungsreiche Kalksteine vom Grunde des tertiären Meeres und viele Zeugnisse des Vulkanismus der Eifel oder des Hegau. Magnolien und ein Gingko oder eine Sumpfzypresse würden uns daran erinnern, daß damals viele wärmeliebende Gehölze bei uns gediehen, und dazwischen stünden einige der Pflanzen, die von den Eiszeiten vertrieben wurden, aber in einigen Alpengebieten an geschützten Standorten überdauern konnten oder in südlicheren Ländern, zum Beispiel in Jugoslawien, noch anzutreffen sind. Das Heilglöckchen *(Cortusa matthioli)* könnte hier stehen, der Gelbling *(Sibbaldia procumbens)* oder der schö-

Mangold

ne Felsenteller *(Ramonda,* mehrere Arten), Relikte einer vergangenen Flora. Freilich kann man so etwas nicht nach einer fertigen Rezeptur von heute auf morgen anlegen, sondern muß zuerst einmal Geologie-Bücher studieren oder in einem Naturkundemuseum jemanden suchen, der helfen kann. Das könnte ein fesselnder Erkundungszug werden, und die kleine Tertiär-Ecke im Garten (oder das Karbon-Beet oder der Jura-Hügel) wäre gewissermaßen ein Extrakt dessen, was wir unterwegs erfahren haben.

Wenn der November einigermaßen milde bleibt, ernten wir immer noch Mangold. Er ist ein wirklich unermüdlicher Lieferant sehr schmackhafter Blätter und Stiele, – wobei gleich angemerkt werden soll, daß man vom *Stiel*mangold auch die Blätter und vom *Blatt*mangold auch die Stiele essen kann. Der Unterschied besteht nur darin, daß die Stiele und Blattrippen des Stielmangolds besonders dick sind und deshalb wie Spargel zubereitet werden können. Und der Stielmangold hat (was nie in den Gartenbüchern steht, die den Mangold überhaupt selten ganz ernst nehmen) den zusätzlichen Vorteil, daß er, blühend oder knospend, eine bizarre Schnittblume abgibt. Aus den rotstieligen Varietäten hat man früher sogar Sorten gezüchtet, die ausdrücklich als »Ziermangold« galten.

Botanisch ist der Mangold die Varietät einer Unterart der Rübe, ebenso wie die Rote Rübe (oder Rote Bete), die Runkelrübe und die Zuckerrübe. Alle heißen botanisch *Beta vulgaris,* sind also sehr eng miteinander verwandt, und alle werden seit langer Zeit kultiviert – der Mangold schon im 8. Jahrhundert v. Chr. in den Gärten des babylonischen Königs Merodachbaladan.

Man sät den Mangold im April oder Mai an Ort und Stelle und verzieht später auf einen Abstand von zwanzig Zentimeter (beim Stielmangold braucht man den doppelten Abstand, damit die Stiele sich schön ausbilden können). Geerntet werden jeweils die äußeren Blätter, die inneren wachsen dann unentwegt nach. In milden Gegenden kann man im Juli eine zweite Aussaat machen und die Pflanzen mit leichtem Schutz überwintern lassen – dann hat man ein sehr schmackhaftes Frühgemüse. Wenn es gelingt, die Schnecken von den Sämlingen fernzuhalten, braucht man keinerlei Mitesser zu fürchten. Dem Mehltau kann man vorbeugen, indem man für den Mangold eine möglichst luftige Stelle vorsieht, nicht zu eng pflanzt und die (immer durstigen) Pflanzen möglichst nur am Fuß gießt und nicht besprengt. Einen Nachteil hat der Mangold allerdings mit anderen weichblättrigen spinatähnlichen Gemüsepflanzen gemeinsam: Für eine ordentliche Mahlzeit braucht man Unmengen von Blättern, denn im Topf fallen sie zu einem Bruchteil ihres ursprünglichen Volumens zusammen. Wie aus so vielen Blättern so wenig Gemüse werden kann, ist ein stets von neuem überraschendes Phänomen. Also braucht man für den Mangold viel Platz im Garten – aber dafür wächst er immer wieder nach, sät sich auch gern selbst aus und wird so zu einem gewohnten und unentbehrlichen Gartengenossen. Für den Anfang würde ich zu rotstieligem Stielmangold raten, damit die mögliche Enttäuschung über zu geringe Mengen durch den Augenschmaus wettgemacht wird.

Es ist ja eine der wichtigsten Säulen gärtnerischer Weisheit: daß man die Fehlschläge mit Gelassenheit hinnimmt, sich auf dem Absatz herumdreht und den Blick fest und heiter auf Gelungenes richtet. Da sind die Jungpflanzen der Wiesenraute unbemerkt hingesiecht, weil die Färberkamille sich schnell und üppig entwickelt hat – also wenden wir uns ab und erspähen sogleich die Präriekerze *(Camassia esculenta,* die Indianerspeise, von der ich im September berichtet habe), die solche Unmengen von Samen angesetzt hat, daß wir im nächsten Jahr den Versuch unternehmen können, durch Aussaat einen großen Bestand heranzuziehen, damit wir irgendwann einmal indianische Fladen aus den Knollen backen können.

Diese und alle anderen Samen, die wir im Sommer und Herbst geerntet haben, sollten wir jetzt einmal durchgehen. Manche mußten noch nachreifen und können jetzt gedroschen und von Kapselresten und anderen Verunreinigungen befreit werden. Meistens ist das ein aerodynamisches Spiel: Man legt die Samen auf ein Tablett mit senkrechtem Rand oder in eine flache Pappschachtel, bringt sie durch Schütteln in leichte Bewegung und bläst dann hinein, und zwar mit genau abgemessener, für jede Samenart unterschiedlicher Stärke, die gerade so groß sein muß, daß die (meist leichteren) Fremdkörper davonfliegen und gerade so gering, daß die Samen nicht mit fortgetragen werden. Je leichter die Samenkörner sind, um so mehr Feingefühl erfordert das. Auch durch Schütteln auf einem schräggehaltenen Kartonblatt kann man die unterschiedliche Schwere von Samen und Beimengungen für die Trennung nutzen – aber die Blasmethode finde ich weit amüsanter.

Und dann liegen die Samen vor uns: blank und schwarz, oder braun und runzlig, bizarr geformt oder einfach nur rund, mit oder ohne Anhängsel, die der Verbreitung dienlich sind – es ist eine Vielfalt von Formen und Größen, die dazu reizen muß, sie zusammenzustellen und im Vergleich die Unterschiede und die Ähnlichkeiten zu betrachten. In Kunstgewerbeläden kann man Kästen mit samengefüllten Fächern als Geschenkartikel kaufen – aber es muß ja nicht immer alles gleich zum fertigen Dekorationsstück verarbeitet werden. Ich würde jeweils ein paar Samen auf weißen Karton kleben – entweder für jede Art ein kleines Karteiblatt, oder mehrere Arten auf einen größeren Karton. Eine Lupe ist wichtig, damit man beim Durchmustern auch die Feinheiten entdecken kann. Tausendmal haben wir das schon gehört: Es sei zum Staunen, daß aus einem solchen Körnchen eine Pflanze wachsen kann und daß ihre ganze Gestalt, ihr ganzes Leben, in diesem Wenigen schon angelegt ist. Ich sage es trotzdem noch einmal, denn manchmal vergißt man das Staunen.

Dezember

Unsere Zwerghühner scheinen sich wohlzufühlen: Im Dezember, so hatte es geheißen, dürften wir von den im Mai geschlüpften Junghennen die ersten Eier erwarten, – aber nun legen sie schon seit Ende August. Es sind goldene Eier: Sechs Mark vierzig kosten sie pro Stück, wenn sich die Ausgaben für Stall und Auslauf, Tränke, Futter und für die Installation der Winterheizung im ersten Jahr amortisieren sollen.

Im nächsten Jahr wird der Eier-Preis dann sinken, aber so richtig rentierlich ist eine Eigenproduktion in den seltensten Fällen, wenn man ehrlich rechnet und wenigstens einen bescheidenen Stundenlohn mit einkalkuliert. Das gilt nicht nur für Hühnereier, sondern ebenso für Kartoffeln, Gemüse, Salat und Obst. Aber es ist ja auch nicht die Rentierlichkeit, derentwegen wir unseren Garten bebauen.

Und außerdem haben wir die Möglichkeit, das draufgezahlte Geld an einer ganz anderen Stelle wieder einzusparen: bei den Weihnachtsgeschenken. Als Gärtner nämlich können wir darauf verzichten, in diesen Wochen überflüssigen Schnickschnack einzukaufen, wir haben längst vorgesorgt:

Wir haben genug Lavendel geerntet, um daraus mehrere Duftkissen und viele Kräutersäckchen für die Badewanne zu machen. Wir haben vor den ersten Frösten Rosmarin-Ableger eingetopft und nach drinnen geholt, um sie Weihnachten zu verschenken (brauchbar für Bad, Bratkartoffeln und Rote Grütze). Wir haben Würzkräuter getrocknet und in Gläser oder Tüten abgefüllt, auch Minzen, Hagebutten und Brombeerblätter gesammelt, aus denen wir einen Haustee mischen, oder Hopfenzapfen und Baldrianwurzeln für einen Einschlaftee. Für Balkon- und Fensterbank-Gärtner haben wir Stecklinge von Buchsbaum und von kleinblättrigen Efeu-Arten herangezogen und Dachwurz-Rosetten vermehrt.

Im September haben wir die Winterheckzwiebel in Töpfen ausgesät; handhoch stehen jetzt die zarten Lauchbüschel und können jederzeit geerntet werden; wenn es mit Umsicht geschieht, lassen sich die Sämlinge im Frühjahr immer noch auspflanzen und bilden den Grundstock für ein »ewiges« Zwiebelbeet, auf dem sie sich so ausbreiten, daß immer genug Schalotten und Zwiebeln für den Salat vorhanden sind.

Wem das alles zu wenig hermacht, der kann einen reicheren Gartenkorb daraus zusammenstellen und ihn vielleicht mit einem alten Vorweihnachtsobst garnieren, das fast in Vergessenheit geraten ist: mit Mispeln. Die graubraunen Früchte, die Frost gehabt haben müssen, um teigig-weich und süß zu werden, sind nicht jedermanns Geschmack, lassen sich aber mit Sahne leicht verfeinern. Wegen ihres hohen Pektin-Gehalts eignen sie sich auch gut als Zutat bei der Bereitung von Apfelgelee.

Auf Früchte braucht man, wenn man eine Mispel *(Mespilus germanica)* pflanzt, nicht lange zu warten. Man sollte aber unbedingt eine der großfrüchtigen Auslesen zu bekommen versuchen. Fast immer sind sie auf eine Weißdorn-Unterlage veredelt, weil die vegetative Vermehrung (durch Stecklinge oder Absenker) sehr schwierig ist. Noch mühsamer ist die Vermehrung durch Samen, weil diese außerordentlich harte Schalen haben und nur sehr widerwillig keimen, manchmal erst nach Jahren. Damit hängt es wohl zusammen, daß die Mispel nur selten wild vorkommt. In einer niederrheinischen Baumschule versucht man zur Zeit, Mispelsamen dadurch keimfähig zu machen, daß man sie durch den Verdauungstrakt von Tieren gehen läßt. Vielleicht gehört die Mispel tatsächlich zu den »Endozoochoren«, den Pflanzen also, deren Samen gewöhnlich durch Verdauung der Früchte verbreitet und oft überhaupt erst keimfähig gemacht werden, und vielleicht gab es in der ursprünglichen Heimat der Mispel eine oder mehrere Tierarten, die dafür zuständig waren.

Die Mispel ist bei uns nämlich nicht eigentlich einheimisch, sondern kam über die Römer aus Kleinasien zu uns. Vor zweitausend Jahren war sie noch eine »Exotin«, die ihrer Früchte wegen angebaut wurde. Wer sie heute als vermeintlichen Wildstrauch wieder anpflanzt, erweckt also in Wahrheit ein Stück uralter Gartenkultur wieder zum Leben, was die Mispel ihm nicht nur mit großen weißen Blüten im Mai, sondern auch mit einer schönen braungelben Blattfärbung im Herbst lohnt. Als Obst ernstgenommen wurde die Mispel immerhin noch vor hundertfünfzig Jahren. In einem Hausfrauen-Lexikon aus dem Jahre 1838 lese ich:

»Sie sind ein gesundes Obst und haben etwas Zusammenziehendes, daher sie ganz passend bei Durchfall genossen werden

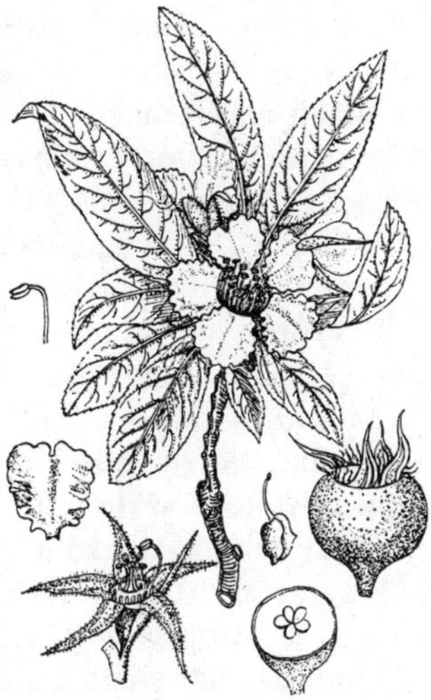

Mispel

können. – Zu einem Mispel-Compot läßt man die von ihren Kelchflügeln gereinigten, recht reifen Mispeln in einer Pfanne mit geschmolzener Butter aufschwellen und sieden, schüttet, wenn sie gar sind, rothen Wein hinzu, kocht so lange, bis eine Art Syrup entsteht, nimmt dann die Mispeln heraus und serviert sie mit Zucker bestreut.«

Weit häufiger als den Spaten braucht der Gärtner den Distelstecher. Er braucht ihn so häufig, daß ich, wüchse mir ein Haken aus der Hüfte, daran einen Distelstecher aufhängen würde, um ihn immer bei der Hand zu haben. Man kann Disteln damit ausstechen, aber auch: Pflanzlöcher ausheben, Meerschweinchen begraben, den Boden lockern, Saatrillen ziehen, Unkraut jäten, Wurzelballen teilen, Steinfugen säubern und einiges andere.

Heutzutage aber, da die Disteln seltener geworden sind, heißen die Distelstecher nicht mehr Distelstecher, sondern Pflanzkellen, und einen ordentlichen Distelstecher habe ich seit Jahren nicht mehr gesehen, obwohl die Gartengeschäfte (die freilich inzwischen auch anders heißen, nämlich Gartencenter) uns doch mit einer wahren Fülle von teils absonderlichen Vorrichtungen für das neuzeitliche Gärtnern überhäufen.

(Kürzlich offerierte man mir zum Beispiel einen Stiel mit Schnappverschluß, dem man – klick! – vier verschiedene Geräte anfügen kann. Man muß also *drei* Haken an der Hüfte haben, um immer für den Gerätewechsel gerüstet zu sein; und man muß im Herbst mit klammen Fingern auch noch Fräse und Harke umstöpseln. Ich kann daran nichts praktisch finden.)

Ein Distelstecher, der den Namen verdient und die Pflanzkelle überflüssig macht, läuft vorne nicht spitz zu wie diese, sondern hat eine drei Zentimeter breite, leicht nach innen ausgerundete Schneide, und zwar eine angeschärfte. Mit ihr packt man jede Wurzel und trennt sie glatt durch, mit ihr hebt man schmale Löcher so leicht aus wie weite, – während die Kellen mit spitz auslaufendem Blatt an stärkeren Wurzeln abgleiten und auch meist zu breit sind, also zu viel Erde bewegen.

Als unersetzlichen Schatz hüte ich einen Distelstecher, dessen Blatt ohne Tadel ist, aber der hat einen anderen Nachteil: Sein Griff ist aus grünem Kunststoff. Verliert man ihn auch nur eine Sekunde aus den Augen, dann kann er für Stunden oder Tage verschollen bleiben, weil sein Grün im Gartengrün untergeht. Rot soll der Griff sein, damit er sich nicht verstecken kann, und aus einem Stück der ganze Distelstecher, damit er gar niemals an einer Schweißstelle abbrechen kann. Zwar besitze ich einen solchen roten Ganzstahl-Distelstecher – aber der hat nun wieder eine spitze Schneide. Nichts ist vollkommen in dieser Welt, aber es könnten doch wenigstens die Distelstecher vollkommen sein, ohne daß dafür die Weltordnung geändert werden müßte. Das Empörendste sind freilich jene Jäter, an deren Griff die Hand unweigerlich abrutscht und dann auf eine scharfe Kante oder eine elegant hochgezogene Ecke stößt. Tiefe Wunden trägt der Gärtner an der Arbeitshand davon, wenn er, mangels ordentlicher Distelstecher, solche Gerätschaften benutzt, an deren Entwicklung zwar möglicherweise ein Designer, aber bestimmt kein Gärtner mitgewirkt hat. Es ist immer das alte Lied: Zum Mond können wir fliegen, aber von einem ergonomisch richtigen, scharfen, breitschneidigen roten Distelstecher aus einem Stück können wir nur träumen.

Es ist ja gar nicht so sehr wegen der Disteln. Denn wer damit jemals ernsthaft zu kämpfen hatte, der weiß: Von Disteln befreit man sich am nachhaltigsten, indem man sie einzeln auszieht, genau senkrecht nach oben, langsam, mit dem Feingefühl, das uns die lange Erfahrung gelehrt hat. Wenn wir geduldig genug waren, die Disteln so weit erstarken zu lassen, daß ihre Stengel zäh und kräftig sind, dann holen wir auf diese Weise ein viel längeres Stück der Wurzel mit heraus, als uns das mit dem besten Distelstecher je gelingen könnte.

Freilich braucht man dazu die richtigen Gartenhandschuhe, denn die Disteln sind stachelig. Was übrigens nicht heißt, daß sie Stacheln hätten: Sie haben keine! Die verhärteten Blattspitzen, mit denen die Disteln uns stechen, sind nämlich feste Bestandteile des Pflanzenkörpers und damit nach dem Sprachgebrauch der Botaniker *Dornen,* während zum Beispiel die Dornen der Rose keine solchen, sondern *Stacheln* sind, weil sie dem Rosenzweig nur aufsitzen. Es ist ganz leicht zu behalten: Rosen haben keine Dornen, und Disteln haben keine Stacheln.

Was aber die Gartenhandschuhe angeht, durch welche sowohl die Dornen als auch die Stacheln ziemlich ungehindert dringen, tief ins Fleisch – was die Gartenhandschuhe angeht, so ist davon zu sagen: Zum Mond können wir fliegen...

Wohl dem, der eine (stets auf dem laufenden gehaltene) Liste all jener Pflanzen hat, die eines Winterschutzes bedürfen oder die im Winter ins Haus genommen werden müssen. Ihm kann es nicht widerfahren, daß er eine davon vergißt und dann im Frühjahr vor erfrorenen oder verfaulten Resten steht.

Es geht ja nicht nur um die exotischen Zwiebeln und Knollen, die keinen Frost vertragen, sondern auch um manche einheimischen oder eingebürgerten Arten: Der Thymian zeigt, wenn er ganz ungeschützt überwintern mußte, oft kahle Stellen, der Estragon braucht eine leichte Decke aus Mulch oder Reisig, auch die Minzen sind dafür dankbar, und viele an sich ganz »winterharte« Arten vertragen doch nicht die kalte Nässe unserer schneearmen Winter oder müssen vor der Sonne geschützt werden, deren Wärme sie zur Unzeit erwecken könnte.

Als ich meinen ersten Garten anlegte, wurde ich ein Opfer meines Namens: Man fand es ungeheuer witzig, mich mit Dahlienknollen zu beschenken, sie kamen von allen Seiten und mußten (obwohl ich Dahlien gar nicht mag) aus Höflichkeit nicht nur gepflanzt, sondern auch im ersten Herbst aus dem Boden genommen, getrocknet und eingewintert werden. Seither habe ich eine Scheu vor allen Pflanzen, die solcher Fürsorge bedürfen und mag nur auf zwei davon nicht verzichten: auf die Eidechswurz *(Sauro-*

matum), weil aus ihrer Knolle auf einem gefleckten Stengel ein schönes, tief geteiltes Blatt aufsteigt und nach einigen Jahren eine riesige, aronstabähnliche, fürchterlich stinkende Blüte – und auf die Schopflilie *(Eucomis bicolor),* deren prächtiger Blütenstand wie der der Ananas von einem kleinen Blattschopf gekrönt ist; die Blüten sind sehr fein gezeichnet, in fahlen Grün-, Gelb- und Violett-Tönen, und die hübschen dreigeteilten Fruchtkapseln reifen im September aus, so daß man die Schopflilie auch aus dem Samen ziehen kann.

Schopflilie und Eidechswurz stammen beide aus den Tropen, sind also exotische Gäste im Garten. Beide aber werden von Insekten eifrig besucht – die Eidechswurz von mehreren Hautflüglern, die Schopflilie von drei verschiedenen Nachtfaltern: Es stimmt eben nicht, daß die nicht-einheimischen Pflanzen unseren einheimischen Tieren nichts zu bieten vermöchten. Fast jede Pflanze, woher sie auch stammen möge, findet ihre Freunde oder Feinde, ihre Bestäuber und Nutznießer. Ich will keinen Tropengarten haben (den müßte ich in ein Gewächshaus einzwängen), aber daß zwei sehenswerte Tropenpflanzen unseren Sommer annehmbar finden und eine davon sogar ihren Samen reifen läßt, macht mich vergnügt, und ich nehme es dafür gerne auf mich, daß ich ihre Knollen im Oktober ausgraben und drinnen trocken überwintern muß.

Zwei Schritte vom Eidechswurz entfernt steht eine Minze aus Nepal, die auf einem weiten Umweg zu mir gekommen ist. Sie erweitert das Duftspektrum meiner Minzensammlung zum Dunklen hin. Nepal – für den Bruchteil einer Sekunde berührt den Gärtner die Ferne, kommt ganz nah. Die Fremdlinge sind nicht fremd, Nepal und die Tropen sind keine andere Welt, sondern nur ein anderer Teil unserer Welt.

Sollen wir den Garten, den wir doch vor uns haben, auch noch in einem Spiegel einfangen, ihn darin als einen Abklatsch wiederholen? Die spiegelnden Glaskugeln, die man früher zwischen die Pflanzen steckte und die heute gelegentlich wieder zu finden sind, dienten angeblich dazu, die Vögel zu vertreiben. Aber erstens ist nicht einzusehen, warum die Vögel überhaupt vertrieben werden sollten, und zweitens lassen sie sich durch die Kugeln gar nicht vertreiben. Der wahre Zweck der Kugeln ist die Spiegelung des Gartens und nicht die Vertreibung der Vögel.

Im Spiegel der Kugel wird der Garten gehalten wie zwischen zwei Händen. Das Weite wird verengt, die Enge erweitert. Ganz gleich, wie klein oder wie groß der Garten ist – in der Kugel hat er immer Platz, und der Himmel dazu. Alles erscheint eingeschmolzen, geschliffen, poliert, eingefaßt zu einem Kleinod, das silbern schimmert, wiewohl es die bunten Gartenfarben sind, die sich darin spiegeln. Die magische Kraft des Spiegels bewährt sich auch hier: Das Bild ist greifbar nah, aber nicht wirklich greifbar; doch weiß man, daß ihm eine Wirklichkeit entspricht, der sphärich verzogene Raum also kein leeres Trugbild ist, sondern eine Verwandlung bezeugt. Himmel, Holunder, Kohlrabi: Wendet man den Blick zurück vom Spiegel, dann sind sie vorhanden, als wäre nichts geschehen. Es geschieht aber etwas im Spiegel: Der Vordergrund wird unmäßig vergrößert, die Blüte wird gedehnt zur Schale, das Blatt zum Nachen, der Baumstamm zum gespannten Bogen. Dahinter verliert sich der Blick in eine eingestülpte Weite, in der alles immer kleiner wird und noch kleiner.

Die Proportionen, die Konturen, die Symmetrien werden verändert, aber die Regelmäßigkeit der Kugelgestalt bewirkt, daß die Verformung übergangslos verläuft und eher dem Prinzip einer sanften Verzauberung entspricht als etwa der aufs Groteske zielenden Verzerrung in den Spiegelkabinetten der alten Jahrmärkte.

Es gibt noch eine andere Weise, den Garten zu spiegeln, als nur in den dafür geschaffenen silbernen Kugeln: Wir können einen Spiegel (auch mehrere) im Zimmer derart aufhängen, daß wir im Sitzen oder im Vorbeigehen das Bild vom Garten auffangen, das der Spiegel uns zuwirft: Der Ausschnitt hebt aus dem großen Bild ein kleines heraus. Einzelheiten, die zuvor im Ganzen aufgingen, gewinnen jetzt ein eigenes Gewicht. Die Umrisse werden schärfer, die Farben leuchtender. Der Spiegel ist unser Lehrmeister, sagt Leonardo.

Ich zögere, von den Gartenspiegeln der dritten Art zu sprechen. Heißt es die Künstlichkeit, das Spiegelspiel unzulässig auf die Spitze treiben, wenn wir hie und da (oder auch nur hie *oder* da) einen kleinen Spiegel an einen Ast hängen, an dem er sich leise bewegt und, pendelnd, immer neue Bildfolgen aus dem Garten vorführt? Seine Bilder sind flüchtig, irrlichternd, täuschend, zeigen immer wieder andere Vereinzelungen: Kein Lehrmeister, dieser Spiegel, sondern eher ein Gaukler. Er nimmt das

Bild, das er uns gerade gegeben hat, gleich wieder in sich zurück und verwandelt es in ein anderes.

Die Kugel hingegen läßt uns den Garten metaphorisch sehen, als einen eingegrenzten Bezirk, der doch, so klein er ist, die Weite in sich hineinnehmen kann. Und der Spiegel im Zimmer lehrt uns, indem er den Blick nicht ohne Strenge leitet und fesselt, das einzelne immer genauer zu sehen.

Wozu den Garten, den wir doch um uns haben, auch noch in einem Spiegelbild einfangen?

Vielleicht steckt dahinter der Wunsch, den Garten, der sich ja durchaus nicht fassen läßt, im Bild festzumachen, der Wunsch, uns seiner zu versichern, ihn wenigstens für einen Augenblick verfügbar zu haben – oder doch ein Stück davon.

Vielleicht ist es aber auch viel vertrackter: Der Garten, so ahnen wir, ist eine zauberische Welt, und im Spiegelbild wird er uns zugleich entrückt und faßbar gemacht, auf eine Weise, die eben diesen Glanz des Zauberischen für Momente des Erkennens aufblitzen läßt. Das Wirkliche wird im Bild des Spiegels unwirklich, das Unwirklich-Zauberische des Gartens gewinnt, als Spiegelbild, Wirklichkeit. Schein und Wahrheit gehen ineinander auf, verschränken sich miteinander derart, daß wir ahnen, um wieviel tiefer die Wirklichkeit des Gartens noch hinter das zurückreicht, was wir sehen. Ist unser Garten in Wahrheit ein Spiegelbild und sein Spiegelbild folglich der wahre Garten?

Im Text erwähnte Bücher

Andreas Bärtels: Gehölzvermehrung. Stuttgart ^{3}1989

Ruprecht Düll: Exkursionstaschenbuch der Moose. Bad Münstereifel-Ohlerath ^{2}1987

Alexander von Humboldt: Ideen zur einer Physiognomik der Gewächse. In: Ansichten der Natur. Reclams UB 2948

Werner Jacobs: Taschenlexikon zur Biologie der Insekten. Stuttgart 1974

Gustav Jäger: Deutschland's Thierwelt nach ihren Standorten eingetheilt. 2 Bände, Stuttgart 1873/74

Gerhild Lögler, Daniel Sprenger: Kletterpflanzen am Haus und im Garten, auf dem Balkon und im Zimmer. München 1986

Pierandrea Matthiolus: New Kreuterbuch. Prag 1563

Hans Schiller: Steckenpferde im Garten. Stuttgart 1971

Diana Simmons: Ravensburger Gartenbuch für Kinder. Ravensburg ^{3}1977

Sun Bear/Wabun: Das Medizinrad. München 1987

Reinhard Witt: Wildsträucher in Natur und Garten. Stuttgart ^{3}1989

Bezugsquellen

Gärtnerei Borntrager, Postfach 100, 6521 Offstein (Minzen)

F. Berger, Spitalwaldstraße 5, 8540 Schwabach (Importeur für englische Gartengeräte)

Abbildungsnachweis

Die Abbildungen dieses Bandes sind der ›Illustrierten Flora von Deutschland‹ von August Garcke (17. Auflage, Berlin 1895) entnommen.

Register

Hoimar v. Ditfurth im dtv

Der Geist fiel nicht vom Himmel
Die Evolution unseres Bewußtseins

Die Entstehung menschlichen Bewußtseins als notwendiges Ergebnis einer Jahrmilliarden langen Entwicklungsgeschichte. »... der gelungene Versuch, dem Leser jenen Eckzahn des ›Mittelpunktwahns‹ zu ziehen, daß nämlich die Welt so beschaffen ist, wie wir sie als Menschen erleben.« (Hamburger Abendblatt) dtv 1587

Im Anfang war der Wasserstoff

Ein Report über 13 Milliarden Jahre Naturgeschichte, angefangen vom Urknall über die Entstehung des »Abfallprodukts« Erde, über die große Sauerstoffkatastrophe, die Entstehung der Warmblütigkeit (und damit die Voraussetzung für das menschliche Bewußtsein) bis hin zur Möglichkeit interplanetarisch-galaktischer Kommunikation. Durchgehend verzeichnet Ditfurth dabei das Vorherrschen von Vernunft. dtv 1657

Kinder des Weltalls
Der Roman unserer Existenz

Anhand wissenschaftlicher Erkenntnisse vollzieht Ditfurth nach, warum auf unserer Erde Leben entstehen konnte und wie unser Dasein von ineinandergreifenden kosmischen Vorgängen abhängt. dtv 10039

Wir sind nicht nur von dieser Welt
Naturwissenschaft, Religion und die Zukunft des Menschen

»Dies Buch wird in der Überzeugung geschrieben, daß die naturwissenschaftliche und die religiöse Deutung der Welt und des Menschen miteinander in Einklang zu bringen sind.« (Hoimar von Ditfurth) dtv 10290 / großdruck 25027

Foto: York-Foto, Freiburg i. Br.

Zusammen mit Volker Arzt:

Dimensionen des Lebens

Reportagen aus der Naturwissenschaft auf der Grundlage der Fernsehreihe »Querschnitte«, mit der Hoimar v. Ditfurth und Volker Arzt gezeigt haben, daß allgemeinverständliche Beiträge aus diesem Bereich möglich sind und wissenschaftliche Materie durchaus in fesselnde Erlebnisse auch für den fachlich nicht vorgebildeten Zuschauer umgesetzt werden kann. dtv 1277

Querschitte
Reportagen aus der Naturwissenschaft

Zehn weitere Beiträge aus der erfolgreichen Fernsehserie »Querschnitte« in Buchform. dtv 1742

Konrad Lorenz im dtv

Er redet mit dem Vieh, den Vögeln und den Fischen

Unaufdringlich und humorvoll schildert Lorenz die differenzierten Verhaltensweisen der Tiere, die sein Haus in Altenberg bei Wien bevölkert haben.
dtv 173

So kam der Mensch auf den Hund

Der Hundebesitzer Lorenz zeigt Entwicklungsgeschichte und Verhaltensformen dieser Tierart auf und erzählt mit viel Humor von seinen Beobachtungen und persönlichen Erfahrungen.
dtv 329 / großdruck 2579

Das sogenannte Böse
Zur Naturgeschichte der Aggression

Ein Schlüsseltext unserer gegenwärtigen menschlichen Selbsterkenntnis mit epochalem Rang, der eine fruchtbare und nützliche Diskussion über die natürlichen Grundlagen des menschlichen Daseins in Gang gesetzt hat.
dtv 1000

Die Rückseite des Spiegels
Versuch einer Naturgeschichte menschlichen Erkennens

»Der fortschreitende Verfall unserer Kultur ist so offensichtlich pathologischer Natur, trägt so offensichtlich die Merkmale einer Erkrankung des menschlichen Geistes, daß sich daraus die kategorische Forderung ergibt, Kultur und Geist mit der Fragestellung der medizinischen Wissenschaft zu untersuchen.« dtv 1249

Das Jahr der Graugans

Ein außergewöhnlicher Text- und Bildband über die Lebens- und Verhaltensweisen der Graugänse in ihrer natürlichen Umwelt. Mit 147 Farbfotos aus dem Jahresablauf des Familien- und Gesellschaftslebens der Wildgänse. dtv 1795

Konrad Lorenz/Kurt L. Mündl:
Noah würde Segel setzen
Vor uns die Sintflut

Eine eindringliche Warnung vor der Zerstörung der für Mensch und Tier unentbehrlichen natürlichen Lebensräume. Mit Portraits in Text und Bild von fünfzig bedrohten heimischen Tierarten. dtv 10750

Antal Festetics:
Konrad Lorenz

Eine lebendige und anschauliche Biographie des Nobelpreisträgers von seinem Schüler und Weggefährten Antal Festetics.
Mit 250 Fotos. dtv 11044

Biologie

Hans-Peter Dörfler/
Gerhard Roselt:
Heilpflanzen
dtv 3269

Wolf-Eberhard
Engelmann:
Lurche und
Kriechtiere Europas
dtv-Enke 3263

Dierk Franck:
Verhaltensbiologie
Eine Einführung in
die Ethologie
dtv-Thieme 4337

Harry Garms:
Pflanzen und Tiere
Europas
Ein Bestimmungsbuch
dtv 3013

Martin Görner/
Hans Hackethal:
Säugetiere Europas
dtv-Enke 3265

Hans Haas/Irenäus
Eibl-Eibesfeldt:
Wie Haie wirklich sind
dtv 10574

Insekten
Mitteleuropas
Herausgegeben von
Ulrich Sedlag
dtv-Enke 3264

Gerhard Jagnow/
Wolfgang Dawid:
Biotechnologie
Eine Einführung
mit Modellversuchen
dtv-Enke 4432

Liselotte Lenz:
Waldboden
Farbstiftzeichnungen
dtv 1698

Horst Müller:
Fische Europas
Neumann Verlag/
Enke/dtv 3262

Psychobiologie
Wegweisende Texte
der Verhaltensforschung
von Darwin bis zur
Gegenwart
Herausgegeben von
Klaus R. Scherer,
Adelheid Stahnke
und Paul Winkler
dtv 4452

Anne E. Rasa:
Die perfekte Familie
Leben und
Sozialverhalten
der afrikanischen
Zwergmungos
dtv 10869

Rupert Riedl:
Biologie der
Erkenntnis
Die stammesgeschicht-
lichen Grundlagen
der Vernunft
dtv 10858

Volker Storch/
Ulrich Welsch:
Evolution
Tatsachen und
Probleme der
Abstammungslehre
dtv 4499

Pierre Teilhard de
Chardin:
Die Entstehung des
Menschen
dtv 1755

Hubert Walter:
Sexual- und
Entwicklungsbiologie
des Menschen
dtv-Thieme 4314

Natur und Umwelt

Jürgen Dahl:
Der unbegreifliche Garten und seine Verwüstung
Über Ökologie und über Ökologie hinaus
dtv/Klett-Cotta 11029

Die Erde weint
Frühe Warnungen vor der Verwüstung
Hrsg. v. Jürgen Dahl und Hartmut Schickert
dtv/Klett-Cotta 10751

Andrea Ernst/Kurt Langbein/Hans Weiss:
Gift-Grün
Chemie in der Landwirtschaft und die Folgen
dtv 10914

Antal Festetics:
Konrad Lorenz
Aus der Welt des großen Naturforschers
dtv 11044

Heinz Friedrich:
Kulturverfall und Umweltkrise
Plädoyers für eine Denkwende
dtv 1753

Edith Holden:
Vom Glück, mit der Natur zu leben
Naturbeobachtungen aus dem Jahre 1906
dtv 1766

Eva Kapfelsperger/Udo Pollmer:
Iß und stirb
Chemie in unserer Nahrung
dtv 10535

Konrad Lorenz/Kurt L. Mündl:
Noah würde Segel setzen
Vor uns die Sintflut
dtv 10750

Jacques Monod:
Zufall und Notwendigkeit
Philosophische Fragen der modernen Biologie
dtv 1069

Die ökologische Wende
Industrie und Ökologie – Feinde für immer?
Herausgegeben von Günter Kunz
dtv 10141

John Seymour:
Und dachten, sie wären die Herren
Der Mensch und die Einheit der Natur
dtv 10282

Pierre Teilhard de Chardin:
Der Mensch im Kosmos
dtv 1732

dtv

Das Programm im Überblick

Das literarische Programm
Romane, Erzählungen, Anthologien

dtv großdruck
Literatur, Unterhaltung und Sachbücher in großer Schrift zum bequemeren Lesen

Unterhaltung
Heiteres, Satiren, Witze, Stilblüten, Cartoons, Denkspiele

dtv zweisprachig
Klassische und moderne fremdsprachige Literatur mit deutscher Übersetzung im Paralleldruck

dtv klassik
Klassische Literatur, Philosophie, Wissenschaft

dtv sachbuch
Geschichte, Zeitgeschichte, Gesellschaft, Politik, Wirtschaft, Religion, Theologie, Kunst, Musik, Natur und Umwelt

dtv wissenschaft
Geschichte, Zeitgeschichte, Philosophie, Literatur, Musik, Naturwissenschaften, Augenzeugenberichte, Dokumente

dialog und praxis
Psychologie, Therapie, Lebenshilfe

Nachschlagewerke
Lexika, Wörterbücher, Atlanten, Handbücher, Ratgeber

dtv MERIAN reiseführer

dtv Reise Textbuch

Beck-Rechtsliteratur im dtv
Gesetzestexte, Rechtsberater, Studienbücher, Wirtschaftsberater

dtv junior
Kinder- und Jugendbücher

Wir machen Ihnen ein Angebot:

Jedes Jahr im Herbst versenden wir an viele Leserinnen und Leser regelmäßig und kostenlos **das aktuelle dtv-Gesamtverzeichnis.**
Wenn auch Sie an diesem Service interessiert sind, schicken Sie einfach eine Postkarte mit Ihrer genauen Anschrift und mit dem Stichwort »dtv-Gesamtverzeichnis regelmäßig« an den dtv, Postfach 40 04 22, 8000 München 40.